GIRLY AND FRILLY KNITS

棒針・かぎ針で楽しむ
ガーリー＆フリルな編み物

LIPSTICK NAILS KNITTER
リップスティック ネイルズ ニッター

誠文堂新光社

はじめに

"思い描いたKNITを自由自在に編めるようになりたい"。私が棒針編みを始めたきっかけです。

1本の毛糸からどんなアイテムも具現化できる編み物は、私が使える唯一の魔法だと思っています。降ってくるインスピレーションに合わせた毛糸の種類×色×太さ×針のサイズのかけ算は無限。デザインが一番際立つ組み合わせを思うままに、制限をつくらず、すべて自由に手を動かしていきます。太い糸を使いたいけれど、編み地はテロンとさせたいときは、針のサイズを太くしたり、立体感を出したいデザインのときは、糸の太さに比べて細いサイズの針を使って編み地に密度を出したり。作品の1つひとつのシルエットがより引き立つ、細かい要素をいっぱいかき集めてコーディネートの主役になれる"奇抜ではないけれどインパクトのあるKNIT"を編みました。

この本にみなさんの心をくすぐる作品があったらうれしく思います。お手持ちの一着に合わせて毛糸の色を替えて編んだり、ベーシックがお好きな方は、飾りのお花を外して完成させてみたり。アレンジも楽しんで好みのKNITに仕上げてみてください。

"Knitting is the new yoga" という言葉のように、みなさんが時間を忘れて編み物に没頭できるような、癒しの1冊になれたら幸せです。

それでは私はまた、毛糸に次の魔法をかけてきますね……。

LIPSTICK NAILS KNITTER

CONTENTS

no. 01
フリルカラーニット
FRILL COLLAR KNIT
PHOTO : P.6   HOW TO MAKE : P.34

no. 02
ホットパンクニット
HOT PUNK KNIT
PHOTO : P.8   HOW TO MAKE : P.39

no. 03
セクシーボーダーニット
SEXY BORDER KNIT
PHOTO : P.10   HOW TO MAKE : P.43

no. 04
ビッグリボンバレッタ
BIG RIBBON BARRETTE
PHOTO : P.11   HOW TO MAKE : P.47

no. 05
バブルラッフルベスト
BUBBLE RUFFLE VEST
PHOTO : P.12   HOW TO MAKE : P.49

no. 06
フラワーバッグ
FLOWER BAG
PHOTO : P.13   HOW TO MAKE : P.53

no. 07
ドットヘアバンド
DOT HAIRBAND
PHOTO : P.14   HOW TO MAKE : P.55

no. 08
ミニリボンヘアピン
MINI RIBBON HAIRPIN
PHOTO : P.14   HOW TO MAKE : P.62

no.
09
ポンポンニット
POM POM KNIT
PHOTO : P.16　HOW TO MAKE : P.63

no.
10
ペタルカラー
PETAL COLLAR
PHOTO : P.18　HOW TO MAKE : P.56

no.
11
ドットノットカラー
DOT KNOT COLLAR
PHOTO : P.19　HOW TO MAKE : P.58

no.
12
ラッフルマフラー
RUFFLE MUFFLER
PHOTO : P.20　HOW TO MAKE : P.60

no.
13
レモネードベスト
LEMONADE VEST
PHOTO : P.22　HOW TO MAKE : P.67

no.
14
バブルビッグリボンニット
BUBBLE BIG RIBBON KNIT
PHOTO : P.24　HOW TO MAKE : P.71

no.
15
フリルニットカーディガン
FRILL KNIT CARDIGAN
PHOTO : P.26　HOW TO MAKE : P.76

no.
16
モヘアボーダーニット
MOHAIR BORDER KNIT
PHOTO : P.28　HOW TO MAKE : P.81

はじめに　P.2
YARN　P.30
HOW TO MAKE　P.33
編み方のポイント　P.86
棒針編みの基礎　P.88
かぎ針編みの基礎　P.94

no.
01

FRILL COLLAR KNIT

胸元と首に立体的に波打つフリルがあしらわれたバイカラーのニット。ネック部分を後ろのボタンでとめることで、衿ぐりが詰まりフリルがしっかりと立ち上がります。

YARN： WOOL AND THE GANG／ALPACHINO MERINO
HOW TO MAKE： P.34

GIRLY AND FRILLY KNITS 7

no.
02

HOT PUNK KNIT

リング編みで編んだ首元のもこもこ感が一番のポイント。ネック部分が目立つよう、ほかはシンプルに。ボリュームのある長めのスリーブとクロップド丈のバランスをとっています。

YARN：DARUMA／ウールモヘヤ
HOW TO MAKE：P.39

no. 03

SEXY BORDER KNIT

初心者にも取り組みやすいシンプルなデザインですが、ネックラインが広く深めになっています。衿ぐりを内側に折り込んでまつることで、すこしボリュームを出しています。

YARN：パピー／モナルカ
HOW TO MAKE：P.43

YARN：DARUMA／やわらかラム
HOW TO MAKE：P.47

no.
04

BIG RIBBON BARRETTE

ボーダーのニットをカジュアルに感じたら大きなリボンのバレッタをつけてみては。3パーツを組み合わせてリボンを形作る際にややアシンメトリーにすると、自然な雰囲気が出ます。

YARN：sawada itto／softam
HOW TO MAKE：P.49

no.
05

BUBBLE RUFFLE VEST

やさしい紫×ピンクの色の組み合わせで甘いテイストのベストは、着ると袖と裾のフリルにしっかりとハリが出ます。やわらかなモヘヤの毛糸の間からビジューボタンがキラッと光ります。

YARN：パピー／ユリカモヘヤ
パピー／キッドモヘアファイン
DARUMA／ウールモヘヤ
HOW TO MAKE：P.53

no.
06

FLOWER BAG

普段使いに使える花の刺しゅうがされた小さなバッグ。底の丸いシルエットがポイントなので、とじる際は丸みを意識して。持ち手の端は本体の編み地に入れているので、余計な縫い目が見えません。

DOT HAIRBAND

細い針を使って編みモヘヤの糸の密度を上げて、もちっとしたボリュームを出しています。裏メリヤスを表にすることで編み目がわかりづらくなりモヘヤの質感が際立ちます。

YARN：［白地］パピー／ユリカモヘヤ
パピー／キッドモヘアファイン
［黒地］DARUMA／ウールモヘヤ
パピー／キッドモヘアファイン
HOW TO MAKE：P.55

MINI RIBBON HAIRPIN

ストーンやチュール、ドット柄と小さな作品にかわいいものが集合。異素材をミックスすると、毛糸だけでは出せない立体感が出ます。細かい作業になるので目を落とさないように気をつけて。

YARN：Opal／単色（4本撚り）
HOW TO MAKE：P.62

YARN：DARUMA／ウールモヘヤ
HOW TO MAKE：P.63

POM POM KNIT

裾のリブ部分と身頃で目数や編み針の太さを変えないで、ルーズなシルエットにした雪だるまみたいなニット。ボリュームのあるスリーブの袖口にもポンポンがついています。

no. 10

PETAL COLLAR

2段のスカラップの位置をすこしずらすとフリル感がアップし華やかに。極太の毛糸なら2段くらいでバランスがよく、より太い毛糸なら、首を覆うくらいの段数にしてもかわいくなります。

YARN：パピー／モナルカ
パピー／キッドモヘアファイン
HOW TO MAKE：P.56

YARN：パピー／モナルカ
HOW TO MAKE：P.58

no.
11

DOT KNOT COLLAR

着るとなみなみとしたフリルの立体感が際立つつけ衿。縁にバック細編みをすることでフリル部分が強調されます。フリルの立体感がなくなるので、仕上げのアイロンはしないでください。

GIRLY AND FRILLY KNITS 19

YARN：パピー／モナルカ
HOW TO MAKE：P.60

no.
12

RUFFLE MUFFLER

肩にそのままかけてもかわいいけれど、ぐるぐるに巻きつけると
ラッフルがいくつも重なってボリュームが出るマフラー。縁に
バック細編みをすることでしっかりとし、きれいに仕上がります。

no.
13

LEMONADE VEST

花のモチーフがちりばめられたレモン色の爽やかなベスト。腕を広げると脇が大きく開いたデザインだとわかります。ウエスト部分のひもを絞ってシルエットの調整も可能。

YARN：パピー／ユリカモヘヤ
パピー／キッドモヘアファイン
DARUMA／ウールモヘヤ
DARUMA／やわらかラム
HOW TO MAKE：P.67

GIRLY AND FRILLY KNITS 23

YARN：WOOL AND THE GANG／TAKE CARE MOHAIR
HOW TO MAKE：P.71

何にでも合うグレーにアクセントとして深いグリーンを合わせれば、シックな印象に。色の組み合わせ次第で雰囲気が変わります。

no.
14

BUBBLE BIG RIBBON KNIT

泡のようなぽこぽこした玉編みで編まれたニット。ベーシックな形なので胸元に大きなリボンをつけ、袖をフリルにしてガーリーさをプラス。モヘヤのフワッとした質感と軽やかさを感じられます。

no.
15

FRILL KNIT CARDIGAN

衿のフリル1つひとつがふっくら丸みを帯びているのは、棒針とかぎ針を組み合わせて立体感を出しているから。ドロップショルダーでスリーブにゆったり余裕のあるデザインです。

YARN：パピー／ユリカモヘヤ
DARUMA／ウールモヘヤ
HOW TO MAKE：P.76

no.

16

MOHAIR BORDER KNIT

リング編みでボリュームを出した衿と深めの衿ぐりが特徴的な
ニット。このニットではポップな印象の3色を組み合わせていま
すが、好きな3色にしてどこにもない組み合わせにしてもすてき。

YARN：DARUMA／ウールモヘヤ
パピー／ユリカモヘヤ
HOW TO MAKE：P.81

YARN
この本で使った糸

糸は実物大です。
糸に関するお問い合わせはP.96を参照してください。
都合により廃番・廃色になることがありますので、
ご了承ください。

DARUMA
ウールモヘヤ

モヘヤ（キッドモヘヤ36%・スーパーキッドモヘヤ20%）56%、
ウール（メリノ）44%／
20g玉巻（約46m）／全14色

WOOL AND THE GANG
TAKE CARE MOHAIR

モヘア78%、ウール13%、ナイロン9%
50g玉巻（約100m）／全17色

DARUMA
やわらかラム

アクリル60%、ウール（ラムウール）40%／
30g玉巻（約103m）／全32色

WOOL AND THE GANG
ALPACHINO MERINO

メリノウール60%、
ベビーアルパカ40%／
100g玉巻（約100m）／全23色

パピー
モナルカ
アルパカ70%、ウール30%／
50g玉巻（約89m）／全10色

パピー
キッドモヘアファイン
モヘヤ（スーパーキッドモヘヤ）79%、
ナイロン21%／
25g玉巻（約225m）／全28色

sawada itto
softam
モヘヤ（キッドモヘヤ）69%、
ウール29%、ナイロン2%／
30g玉巻（約25m）／全7色

パピー
ユリカ モヘヤ
モヘヤ（スーパーキッドモヘヤ）86%、
ウール（エクストラファインメリノ）8%、
ナイロン6%／
40g玉巻（約102m）／全16色

Opal
単色（4本撚り）
ウール（ウォッシャブルウール）75%、
ナイロン25%／
100g玉巻（約425m）／全37色

HOW TO MAKE

作品の編み方や作り方

■ 記載されている使用糸の分量や寸法は、実際の作品がもとになっています。作る方の力加減によって糸の使用量は異なりますので、目安として参照してください。
■ 糸はメーカー名、商品名、色名（色番号）、使用量の順で表記しています。糸の問い合わせ先は、P.96を参照してください。
■ 掲載した作品と同じサイズを編むために必ずゲージをとりましょう。編んでいる途中でゲージより目数と段数が多い場合は針を1〜2号太くして、目数と段数が少ない場合は針を1〜2号細くして、編み直してみましょう。ゲージ用の編み地はとっておき、編んでいる最中のものと見比べてください。
■ 一部作品のポイント、棒針編み・かぎ針編みの基礎に関しては、P.86〜を参照してください。
■ フリルやリング編みのある作品にはアイロンおよびスチームアイロンをかけないでください。フリルの立体感がなくなります。フリルや糸のループをふっくらさせたいときは、手で調整してください。

no. 01 フリルカラーニット
FRILL COLLAR KNIT
PHOTO : P.6

メリヤス部分から目を拾いヨークの際のフリルを編み出します。
1目ゴム編みの作り目はP.86を参照してください。

使用糸
WOOL AND THE GANG／ALPACHINO MERINO
Space Black…650g、Ivory White…200g

付属
ボタン(10mm)…1個

用具
棒針15号、かぎ針10/0号

できあがりサイズ
身幅48cm　着丈53.5cm　背肩幅33cm　袖丈59cm

ゲージ(10cm四方)
メリヤス編み　14目19段

ポイント

1. 後身頃は1目ゴム編みの作り目で目を作り、ねじり1目ゴム編み(裏目のみ)を10段、メリヤス編みを56段、増減なく編みます。袖ぐりの減目、ヨークの配色をしながら、後ろあきを作って衿の減目をします。

2. 前身頃も同様に編み始め、袖ぐりの減目、ヨークの配色をして、衿ぐりの減目をします。

3. 袖は、別鎖の作り目から両側で増し目をしながら袖のメリヤス編みを編みます。作り目をほどいて、Ivory Whiteでねじり1目ゴム編み(裏目のみ)を8段編み、1目ゴム編み止めをします。

4. 肩を引き抜きはぎします。

5. ヨークの配色の際からと衿ぐりからフリルを編み出し、指定位置に引き抜き編みを編みます。

6. 脇と袖下をすくいとじします。

7. 袖山に糸を通し、指定寸法にギャザーを作り、袖を引き抜きで身頃につけます。

8. 後身頃の指定位置にボタンをつけます。

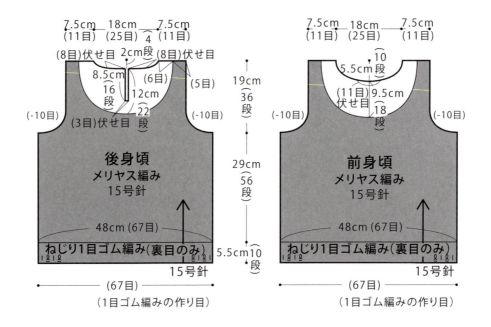

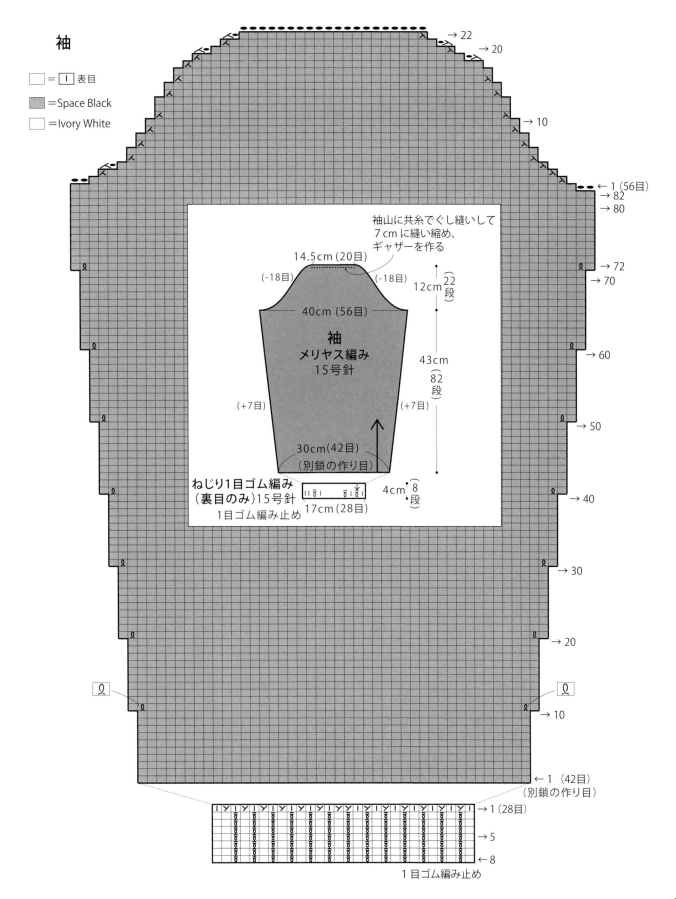

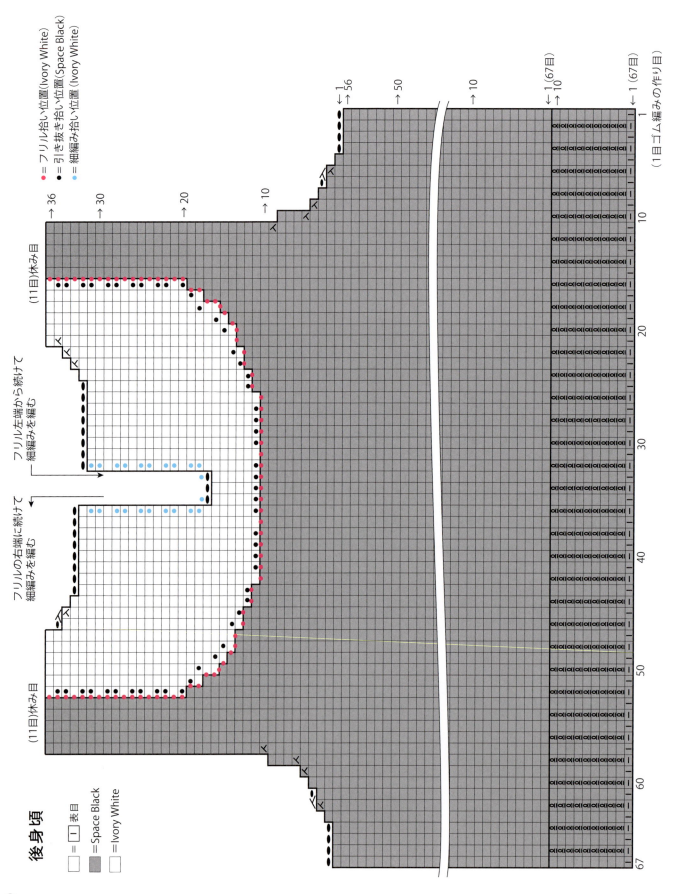

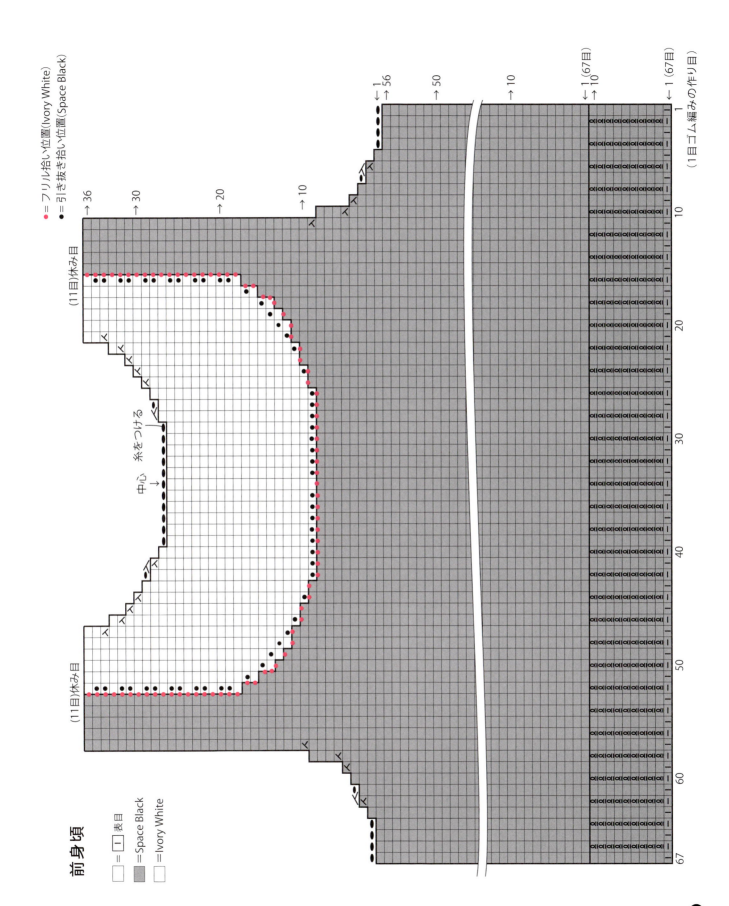

後衿ぐり	前衿ぐり
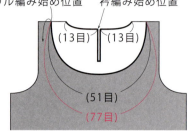	

衿ぐりの前後の拾い目数…61目
ヨーク周り引き抜きの前後の拾い目数…105目●
ヨーク周りのフリルの前後の拾い目数…156目●

ヨーク周りのフリル　15号針　Ivory White

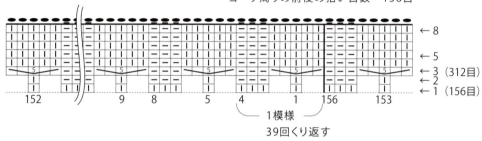

衿のフリル　15号針　Ivory White

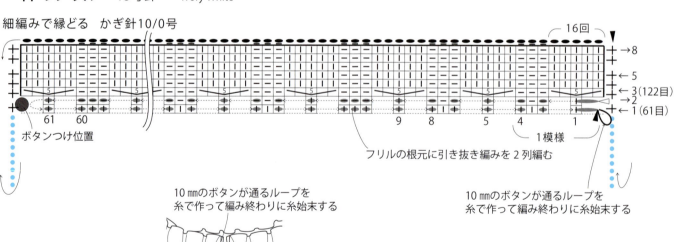

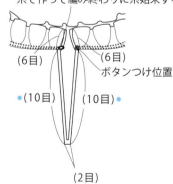

◀=糸を切る
◁=糸をつける

no. 02 HOT PUNK KNIT

ホットパンクニット

PHOTO：P.8

1目ゴム編みの作り目、ネック部分の棒針で編むリング編みの編み方は
P.86を参照してください。衿全体は首を通しやすいゴム編みです。

使用糸
DARUMA／ウールモヘヤ　チェリー（4）…225g

用具
棒針10号・15号、13号、かぎ針10/0号

できあがりサイズ
身幅45cm　着丈42cm　裄丈70.5cm

ゲージ（10cm四方）
模様編み（15号）　12目17段

ポイント
1. 前後身頃は1目ゴム編みの作り目でねじり1目ゴム編み（裏目のみ）を18段編み、続けて針を15号に替えて模様編みを増減なく編み進み、衿ぐりの減目をします。
2. 袖も身頃と同様に10号針で1目ゴム編みの作り目からねじり1目ゴム編み（裏目のみ）を20段編み、針を15号に替えて模様編みの1段めで増し目をして目数調整し、増減なく66段編みます。
3. 肩を引き抜きはぎします。
4. 衿は13号針で目を拾って2段編み、3段めから2本どりにして棒針編みのリング編みを12段編みます。
5. 脇と袖下をすくいとじします。
6. 袖つけは袖幅を19cmになるようにいせ込んで、引き抜き編みでつけます。

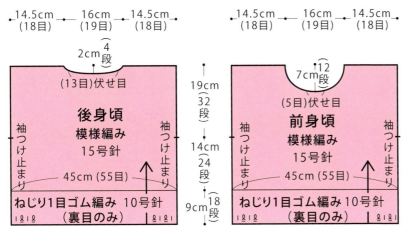

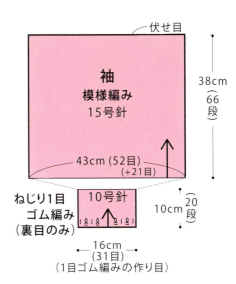
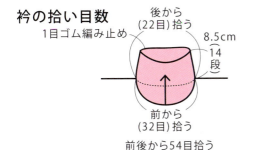
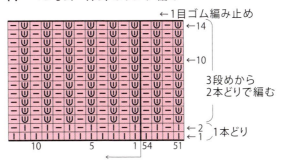

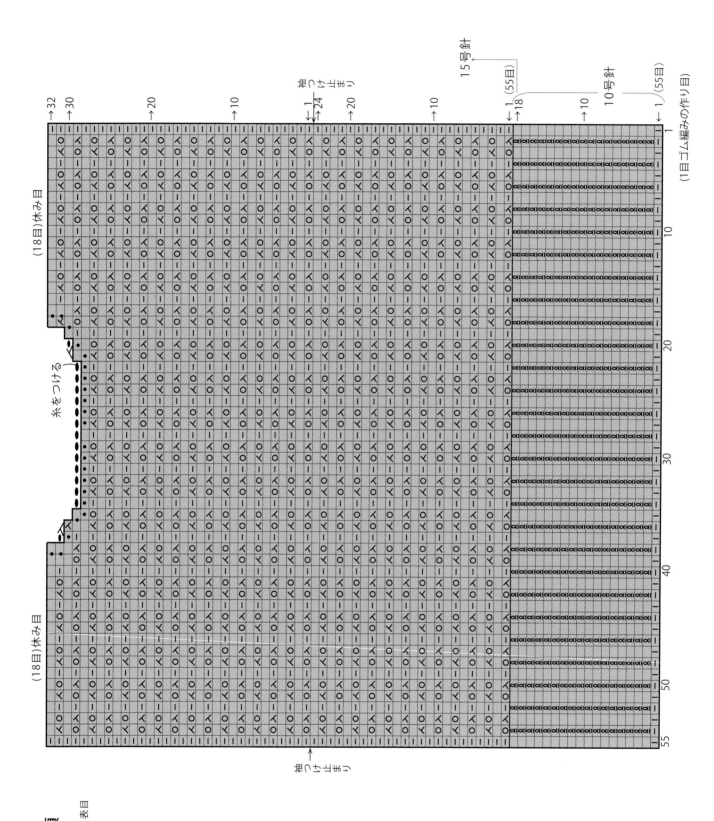

後身頃

前身頃

□ = | 表目

GIRLY AND FRILLY KNITS **41**

袖　□=□ 表目

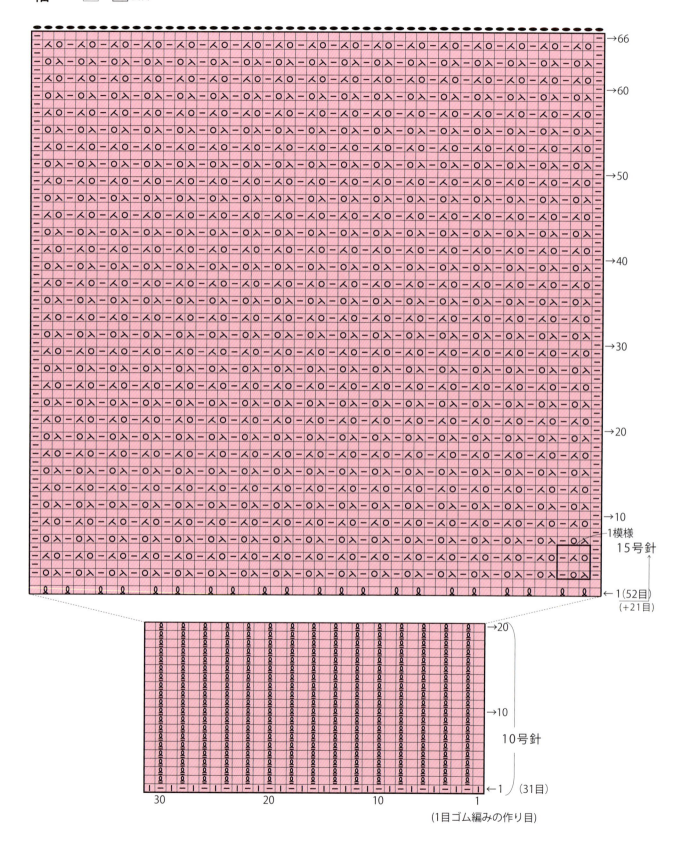

no. 03 SEXY BORDER KNIT

セクシーボーダーニット

PHOTO：P.10

衿ぐり、袖口、裾は2本どりなので、身頃に比べるとややふっくらした印象に。
ラグランスリーブでゆったり着られます。

使用糸
パピー／モナルカ
チャコールグレー(909)…400g、
白(901)…230g

用具
棒針8号・10号

できあがりサイズ
身幅51.5cm　着丈59cm　裄丈69cm

ゲージ(10cm四方)
メリヤス編み(8号)　21目25段

ポイント

1. 前後身頃は別鎖の作り目から2段ごとのメリヤス編み縞で図に従って増減なく74段編み、ラグラン線の減目をしながら編みます。後身頃は編み終わりは伏せ止めし、前身頃は衿ぐりの減目をします。

2. 袖も別鎖の作り目から、2段ごとのメリヤス編み縞で図に従って、増し目をしながら98段、ラグラン線を作りながら62段編み、編み終わりは伏せ止めをします。

3. 前後身頃の裾と袖口の作り目の目を解き、チャコールグレーの2本どりで10号針でねじり1目ゴム編み(裏目のみ)を10段編みます。編み終わりは、1目ゴム編み止めをします。

4. 脇、袖下、ラグラン線をすくいとじ、合印部分はメリヤスはぎをします。

5. 衿はチャコールグレーの2本どりで10号針で目を拾い、2段目からねじり1目ゴム編み(裏目のみ)を14段編み、半分に内側に折り、まつります。

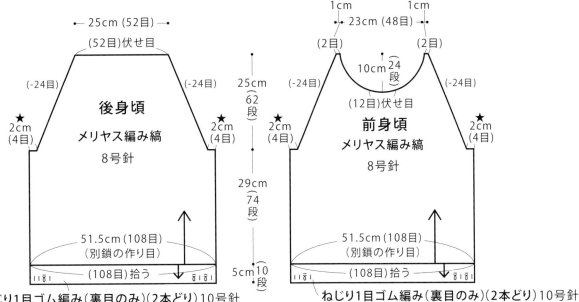

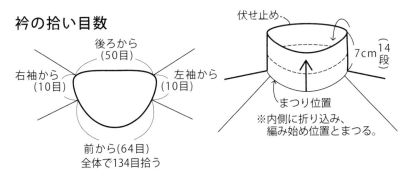

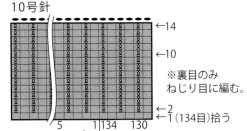

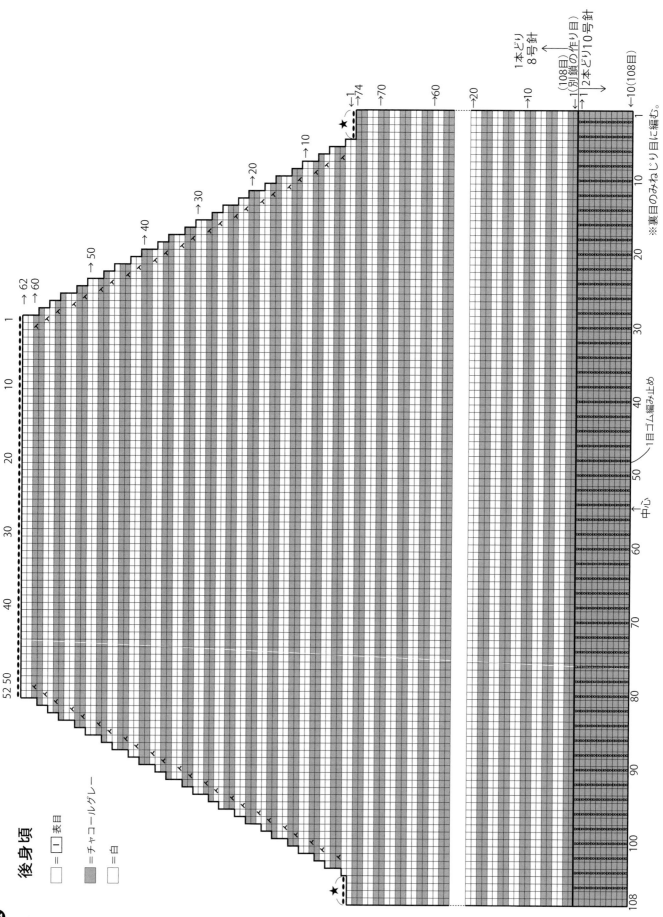

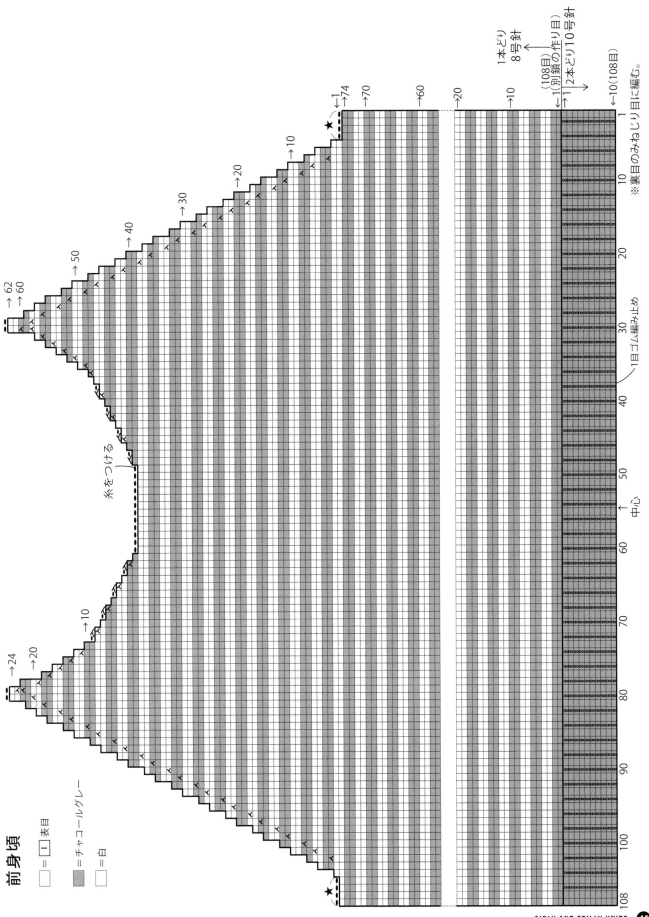

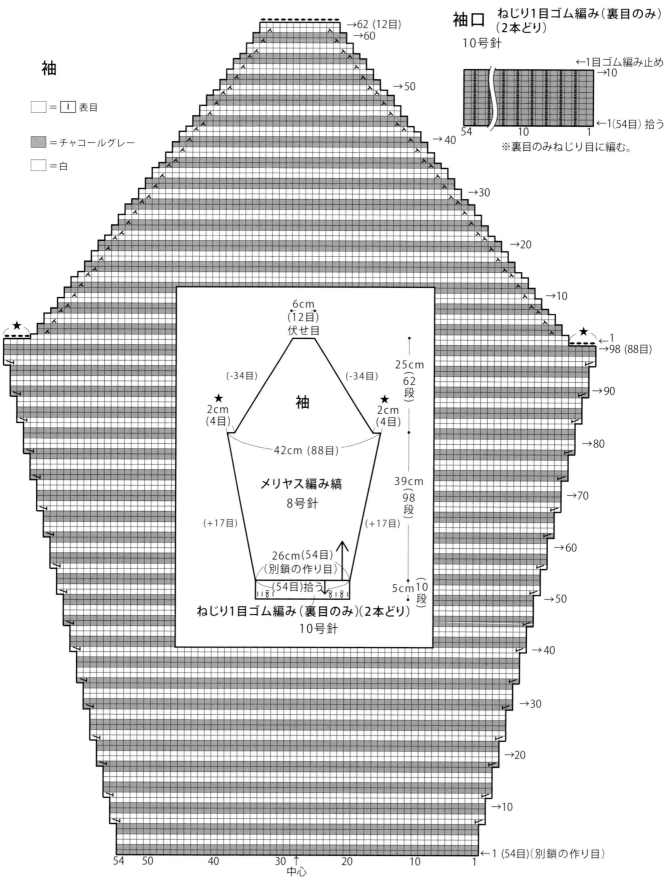

no. 04 BIG RIBBON BARRETTE
PHOTO : P.11

FRONT

パーツを1cmずらしてまとめると、1本のリボンで結んだような無造作感が出ます。
パーツaの形を整えてから巻きかがってください。

使用糸
DARUMA／やわらかラム　黒(15)…25g

付属
バレッタ(8cm)金…1個
手芸用ボンド

用具
棒針7号、かぎ針6/0号

できあがりサイズ
図参照

ゲージ(10cm四方)
ガーター編み　21目36段

ポイント
1. 指でかける作り目で作り目をして、aをガーター編みで編んで伏せ止めし、編み始め側とわにして巻きかがりする。
2. 糸を120cm残して、指でかける作り目からbのガーター編みを編み、編み終わりにバック細編みを編む。編み始め側にもバック細編みを編む。
3. 指でかける作り目からcをガーター編みで編み、伏せ止めする。
4. aとbを図に従って組み合わせ、中心を共糸でぐるぐると巻き絞る。
5. cをaとbの中心部分にかぶせて両端を巻きかがる。
6. 裏側にバレッタを縫いつける。

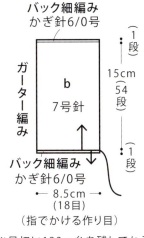

※最初に120cm糸を残してから指でかける作り目をしてその糸でバック細編みを編む。

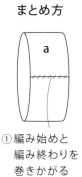

まとめ方

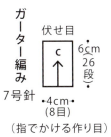

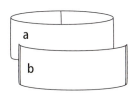

①編み始めと編み終わりを巻きかがる

②わにしたaとbを図のように下1cm程重ね、右に1cmずらして重ねる

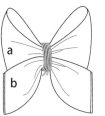

③重ねた2枚の中央を共糸で巻いてしばる

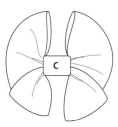

④cを結んだ糸の上にかぶせて巻きつけ、裏で巻きかがる

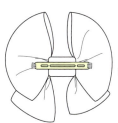

⑤バレッタの土台に手芸用ボンドをつけて、リボンの裏側につけ、両側は共糸で縫いとめる

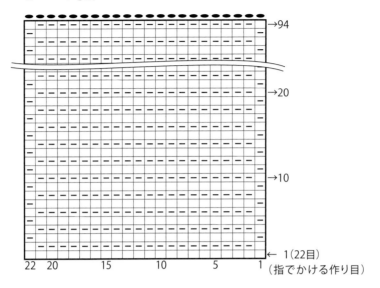
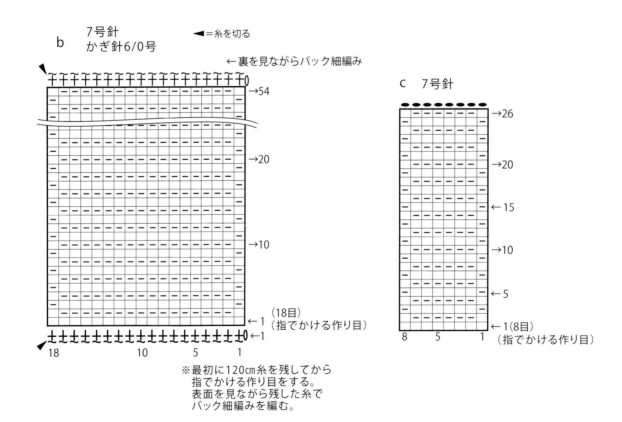

no. 05 バブルラッフルベスト
BUBBLE RUFFLE VEST
PHOTO：P.12

ボタンホールはそのままだとすこし大きいので縫って小さくしています。
ボタンが引っかかるくらいがちょうどいい大きさです。

使用糸
sawada itto／softam
ピンク（2）…160g、パープル（3）…270g

付属
ボタン（20mm）…3個

用具
棒針8mm・13号、
かぎ針10/0号・8mm（引き抜きはぎ用）

できあがりサイズ
身幅51cm　着丈53cm　裄丈21cm

ゲージ（10cm四方）
模様編み（8mm）　9目12段

ポイント

1. 後身頃、左右前身頃はそれぞれ、別鎖の作り目から模様編みを編み、袖ぐり、衿ぐりの減目をしながら編みます。
2. 肩を引き抜きはぎ、脇をすくいとじします。
3. 前立ての目を拾い、パープルで1目ゴム編みを編みます。右前立ての4段めにボタンホールを作ります。
4. 袖口の指定位置から目を拾い、袖ぐりのフリルとスカラップを編み、指定位置にとじつけます。
5. 裾の作り目をほどいて針にかけ、裾のフリルの1段めは左右の前立てから6目、身頃裾からは目数調整しながら編んで88目編みます。5段めで目を増やして、フリルを編み、編み終わりはかぎ針でスカラップを編みます。
6. ボタンを指定位置につけます。

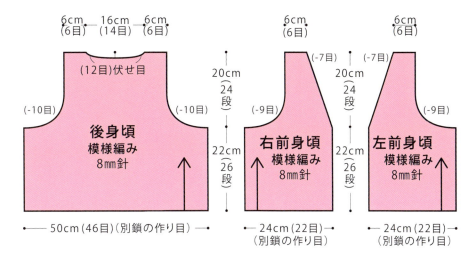

袖ぐりのフリルとスカラップの拾い目数と仕上げ方

①前後袖ぐりから目を拾い、フリルとスカラップを編む
②両側の◆部分を袖ぐりに巻きかがる

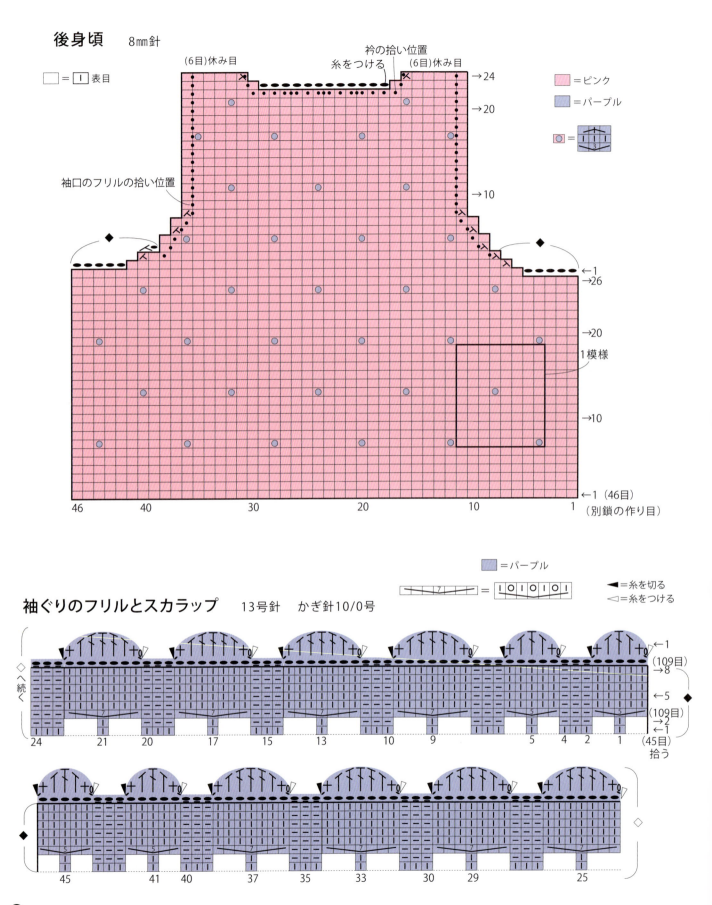

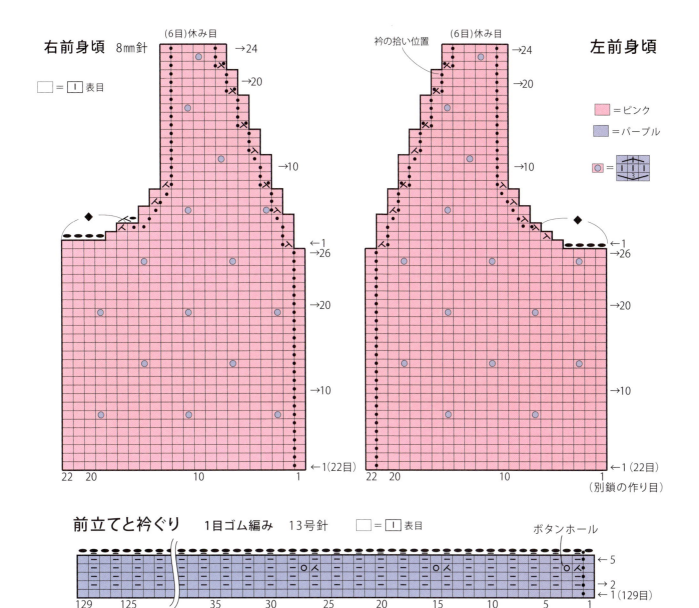
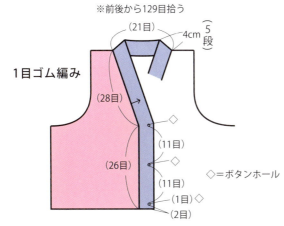

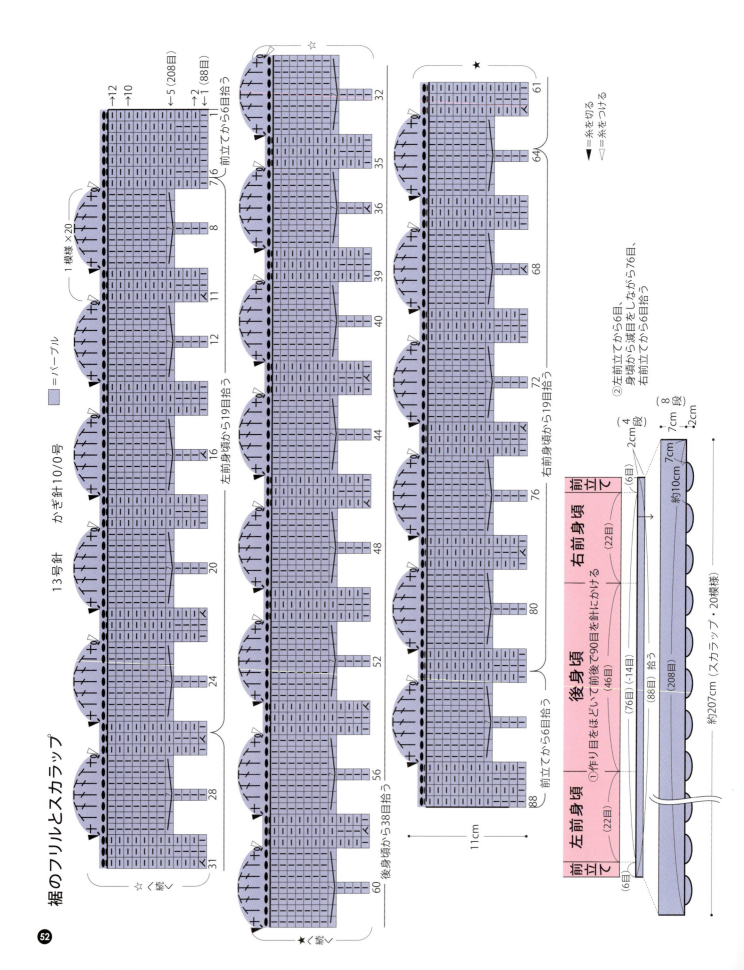

no. 06 フラワーバッグ
FLOWER BAG
PHOTO：P.13

FRONT

持ち手には芯などは入っておらず折って縫い合わせているだけですが、しっかりしています。
刺しゅうのステッチは P.87 を参照してください。

使用糸
パピー／ユリカモヘヤ　レモンイエロー(313)…40g
パピー／キッドモヘアファイン　深緑(39)…少々
DARUMA／ウールモヘヤ　スカイブルー(8)…少々

付属
内布 21×22cm を2枚
台座つきガラスストーン(4mm)オレンジ…24個
手芸用ボンド

用具
棒針8号

できあがりサイズ
図参照

ゲージ(10cm四方)
メリヤス編み　17目23段

ポイント
1. 指でかける作り目で10目作り、図を参照して両側で増し目をしながらメリヤス編みでバッグ本体を編みます。途中46段めでは、持ち手用の穴を2ヵ所開けます。
2. 同じものをもう1枚編みます。
3. 本体2枚にそれぞれ刺しゅうをして、花の中心にガラスストーンを手芸用ボンドでつけます。
4. 指でかける作り目5目から、メリヤス編みを72段編み、持ち手を2本編みます。
5. 持ち手の中心60段をすくいとじします。
6. 本体の穴に持ち手を通し、図に従って持ち手を縫いつけます(4ヵ所)。
7. 持ち手のついた本体を外表に合わせて、すくいとじとすくいはぎをします。
8. 内袋を作り、本体にセットし、本体の口と内袋をまつります。

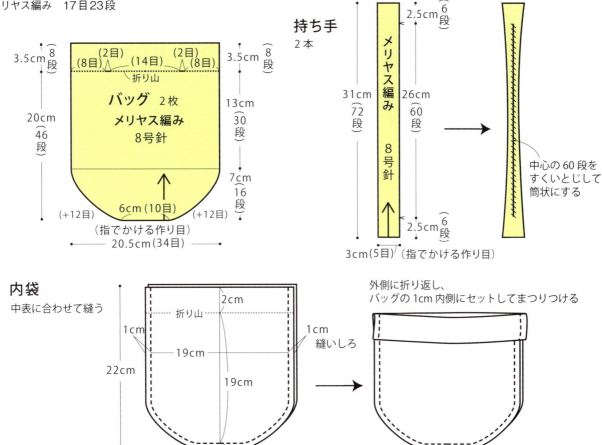

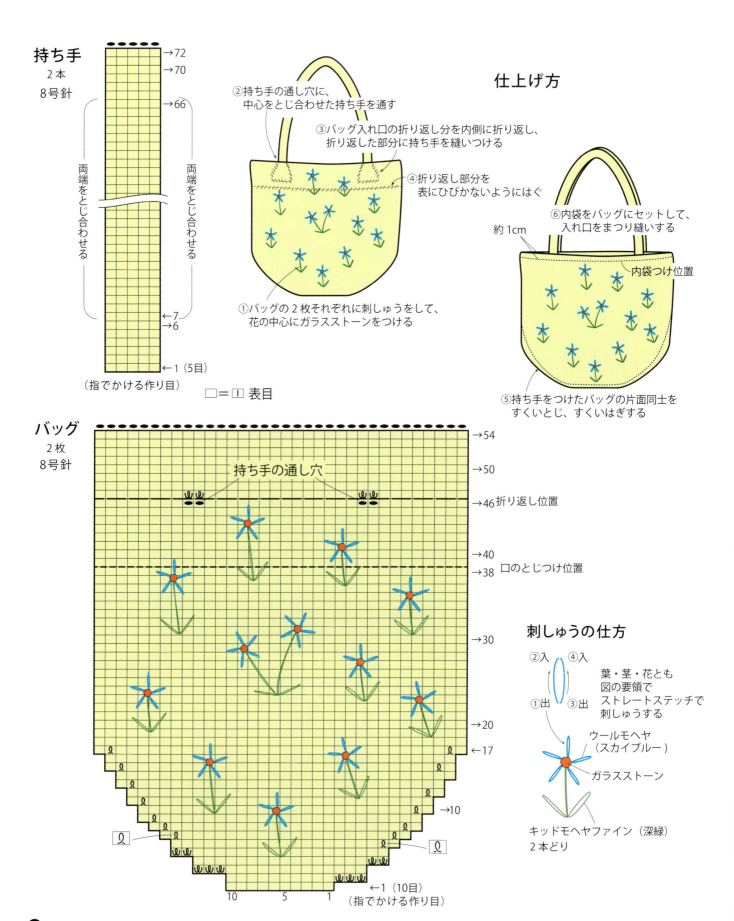

no. 07 ドットヘアバンド
DOT HAIRBAND
PHOTO : P.14

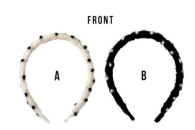

モヘヤの細い糸を細い棒針で密に編みます。ドットの大きさ、位置は目安です。
自分好みにアレンジしてください。

使用糸
A パピー／ユリカモヘヤ　白(301)…5g
　　パピー／キッドモヘアファイン　黒(24)…少々
B DARUMA／ウールモヘヤ　ブラック(7)…5g
　　パピー／キッドモヘアファイン　白(2)…少々

付属
1cm幅のヘアバンド・手芸用ボンド

用具
棒針1号、かぎ針2/0号

できあがりサイズ
図参照

ゲージ（10cm四方）
メリヤス編み　30目42段

ポイント
1. 指でかける作り目3目から編み始め、8段め、9段めで増し目をし、142段編みます。
2. 143段で減目をし、150段まで編みます。
3. ドットの配色糸でドットを30個編みますが、編み始めと編み終わりの糸は約10cmほど残しておきます。
4. 本体にドットをバランスよく結びつけます。
5. ヘアバンドをくるみながら、9段めから142段までを巻きかがります。
6. 両端の8段を手芸用ボンドでヘアバンドにつけます。

ドット　A…黒　かぎ針2/0号
　　　　B…白

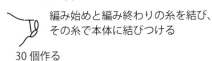

編み始めと編み終わりの糸を結び、その糸で本体に結びつける
30個作る

まとめ方

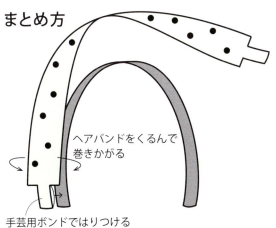

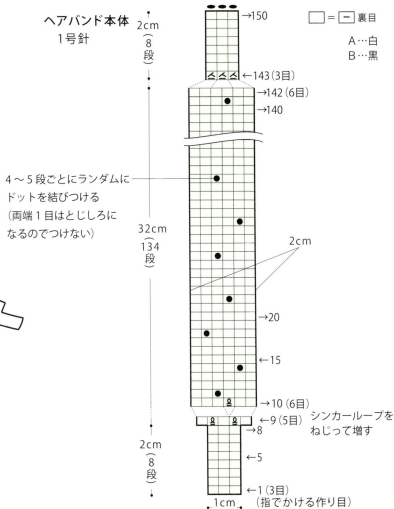

no. 10 ペタルカラー
PETAL COLLAR
PHOTO : P.18

FRONT

2種類の糸を引きそろえて編みます。
アイコードの編み方、アイコードからの目の拾い方はP.86を参照してください。

使用糸
パピー／モナルカ　生成り(901)…85g
パピー／キッドモヘアファイン　生成り(2)…10g
※2種類の糸を引きそろえて編む。

用具
玉なし棒針9号(短)、輪針9号(60cm)、かぎ針7/0号

できあがりサイズ
長さ約128cm　幅約6.5cm

ポイント
1. 指でかける作り目5目から、2ヵ所に糸印を入れて、249段アイコードを編みます。
2. 糸印をつけた位置から69目、目を拾い、1枚目の衿を編みます。
3. 衿の両側に細編みを編んで、フリルのスカラップを1つずつ、編みつけます。
4. 1枚めの衿から左右2目ずつずれた位置から目を拾い、2枚めの衿を編みます。
5. 1枚めと同じように、左右に細編みを編み、フリルのスカラップを1つずつ編みつけます。

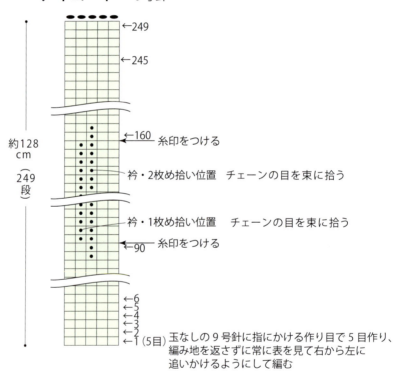

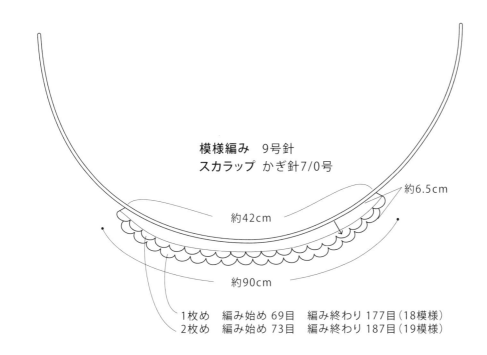

模様編み　9号針
スカラップ　かぎ針7/0号

約6.5cm
約42cm
約90cm

1枚め　編み始め 69目　編み終わり 177目（18模様）
2枚め　編み始め 73目　編み終わり 187目（19模様）

衿・2枚め

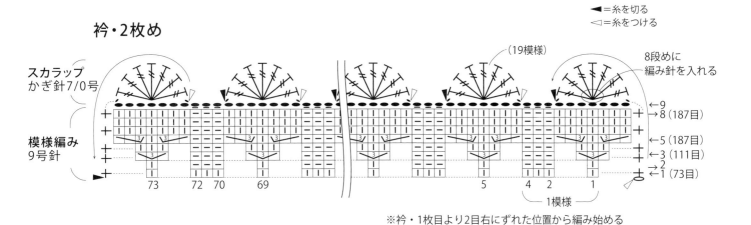

衿・1枚め

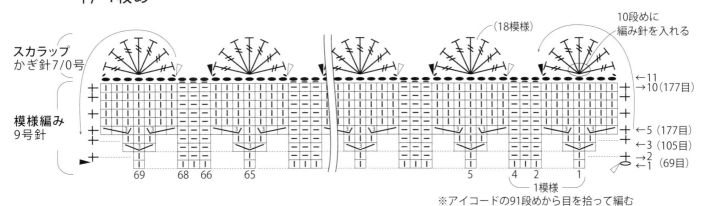

no. 11 ドットノットカラー
DOT KNOT COLLAR
PHOTO : P.19

FRONT

3目285段の長いアイコードを編んでそこから目を拾います。
アイコードの編み方、目の拾い方はP.86を参照してください。

使用糸
パピー／モナルカ　キャメル(903)…180g

用具
玉なし棒針8号(短)、輪針8号(100cm)、かぎ針7/0号

できあがりサイズ
長さ約138cm　幅約13.5cm

ポイント

1. 玉なしの8号針に指でかける作り目で3目作り、指定位置に糸印を入れながらアイコードを285段編みます。

2. 輪針8号で指定位置から目を拾い、分散増し目をしながら本体を34段模様編みで編みます。

3. 本体の周りに細編みとバック細編みの縁編みをかぎ針で編んで整えます。

アイコード

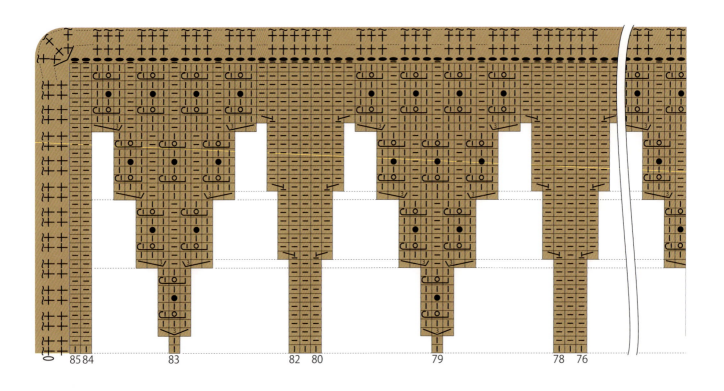

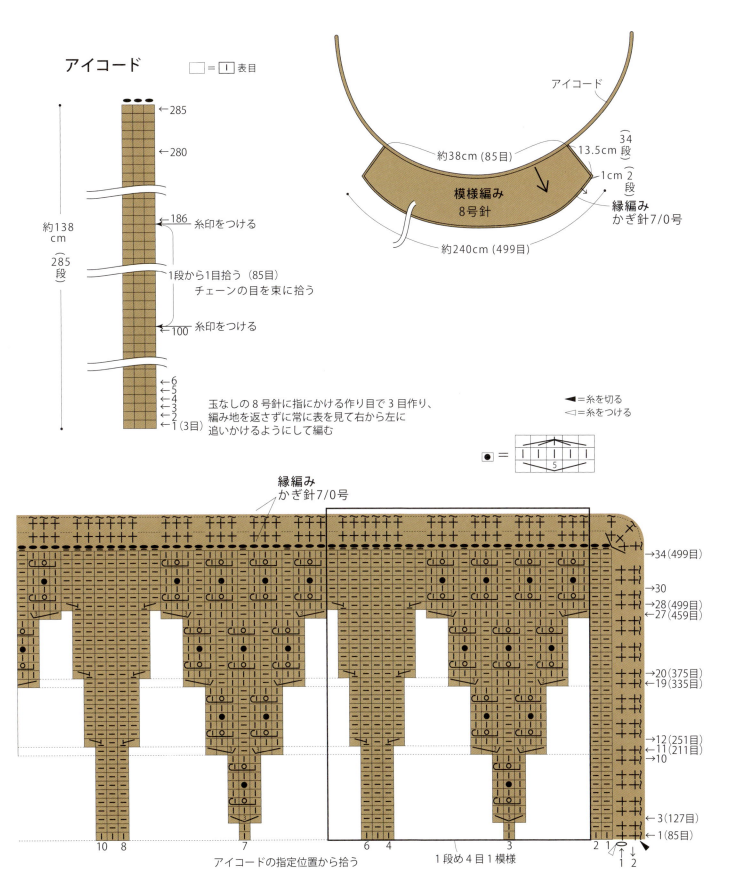

no. 12 RUFFLE MUFFLER

ラッフルマフラー
PHOTO：P.20

ラッフル部分に入るなわ編みのような模様はノット編み。
二重鎖の作り目はP.86を参照してください。

FRONT

使用糸
パピー／モナルカ　赤(904)…380g

用具
輪針8号(100cmなど長めのもの)2本、
かぎ針7/0号

できあがりサイズ
長さ126cm　幅約16.5cm

ポイント
1. 二重鎖を221目作り、指定位置から221目、目を拾い、増し目をしながら本体を編みます。
2. 本体の周りに細編みとバック細編みの縁編みをかぎ針で編んで整えます。

※目数が増えてきつくなってきたら、輪針を増やして編んでください。

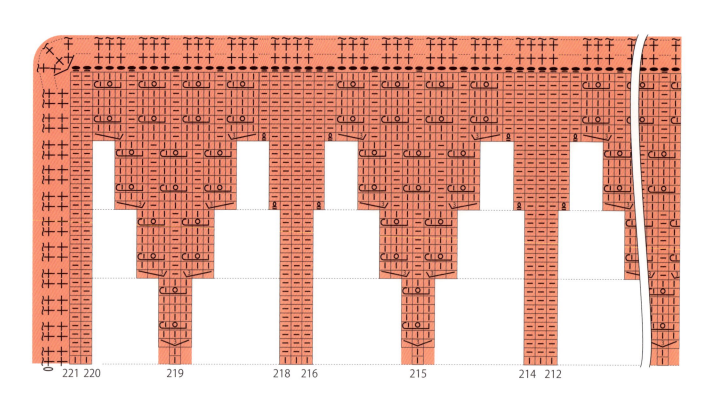

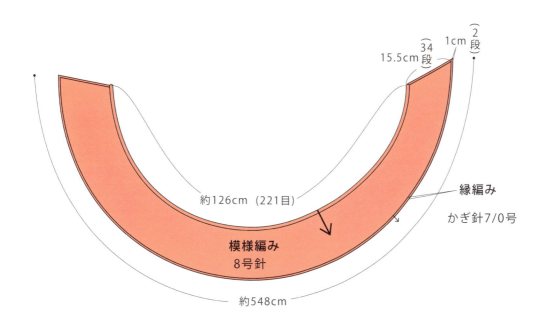

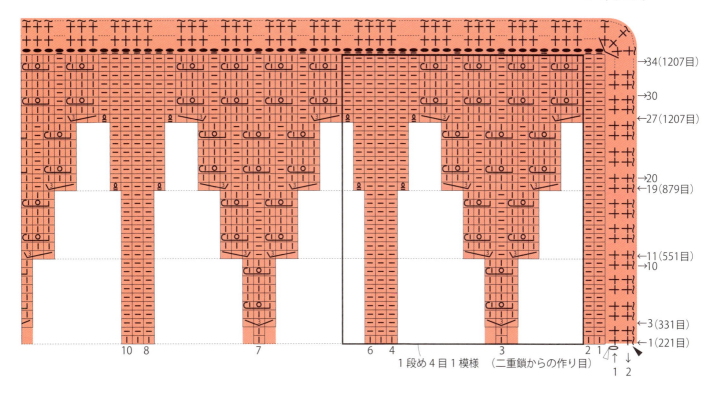

no. 08 ミニリボンヘアピン
MINI RIBBON HAIRPIN
PHOTO：P.14

使用する毛糸はほんのすこし。ヘアバンド同様にドットの大きさ、位置は目安です。
自分好みにアレンジしてください。

使用糸
- **A** Opal／ナチュラルホワイト(3081)…4g
- **B** Opal／ナチュラルホワイト(3081)…4g、
  ブラック(2619)…少々
- **C** Opal／ブラック(2619)…4g
- **D** Opal／ブラック(2619)…4g、
  ナチュラルホワイト(3081)…少々

付属
A・B・C・D共通　台座つきヘアピン(金・8mm)…1本、
手芸用ボンド
A・B共通　台座つきラインストーン(黒・10mm)・
黒チュール(3×3cm)
C・D共通　台座つきラインストーン(透明・10mm)・
白チュール(3×3cm)

用具
棒針1号

できあがりサイズ
図参照

ゲージ(10cm四方)
メリヤス編み　40目43段

ポイント
1. A・B・C・Dとも指でかける作り目14目から、指定色でメリヤス編みを増減なく26段編みます。
2. BとDには指定範囲に指定色でフレンチナッツ(2回巻き)をバランスよく刺しゅうします。
3. A・B・C・Dのそれぞれ編み始めと編み終わりを巻きかがり、わにします。
4. 指定色のチュールを3でわにしたリボンの表側の上にのせてから中央を共糸で強く結びます。
5. 結び目の上に指定色のラインストーンを手芸用ボンドで接着します。
6. リボンの裏側の結び目の上に、台座つきヘアピンを手芸用ボンドで接着します。

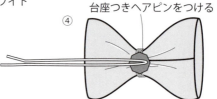

no. 09 POM POM KNIT
ポンポンニット
PHOTO：P.16

FRONT

シルエットはルーズですが、スリーブは袖口で目数が一気に減ることで
ボリュームが際立つデザインになっています。

使用糸
DARUMA／ウールモヘヤ
きなり(1)…320g

用具
棒針14号・5号、かぎ針7/0号

できあがりサイズ
身幅55cm　着丈53cm　裄丈74cm

ゲージ(10cm四方)
模様編み(14号)　14目16段

ポイント
1. 前後身頃は1目ゴム編みの作り目でねじり1目ゴム編み（表裏とも）を16段編みます。続けて目数調整をして、模様編みを編み、ラグラン線と衿ぐりの減目をします。
2. 袖は別鎖の作り目から、模様編みを編み、ラグラン線の減目をして、休み目にします。
3. 袖口は作り目をほどいて減目をしながら拾い目をし、1目ゴム編みを40段編んで、編み終わりは縁編みをかぎ針で編みます。
4. 衿は身頃と袖のラグラン線をすくいとじし、拾い目をして1目ゴム編みを編み、1目ゴム編み止めをします。
5. 脇と袖下をすくいとじし、★同士を合わせてメリヤスはぎをします。

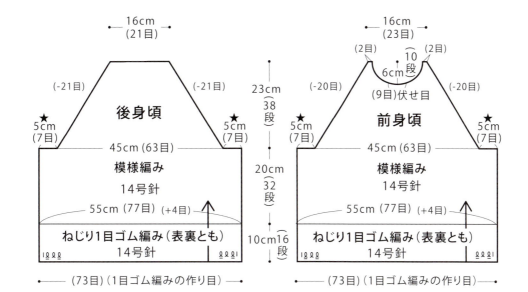

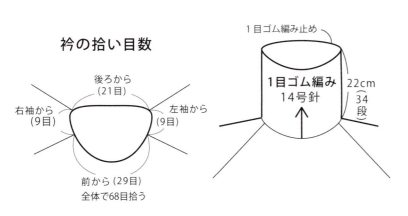

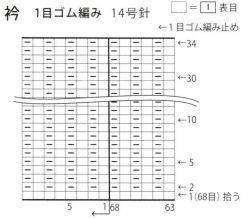

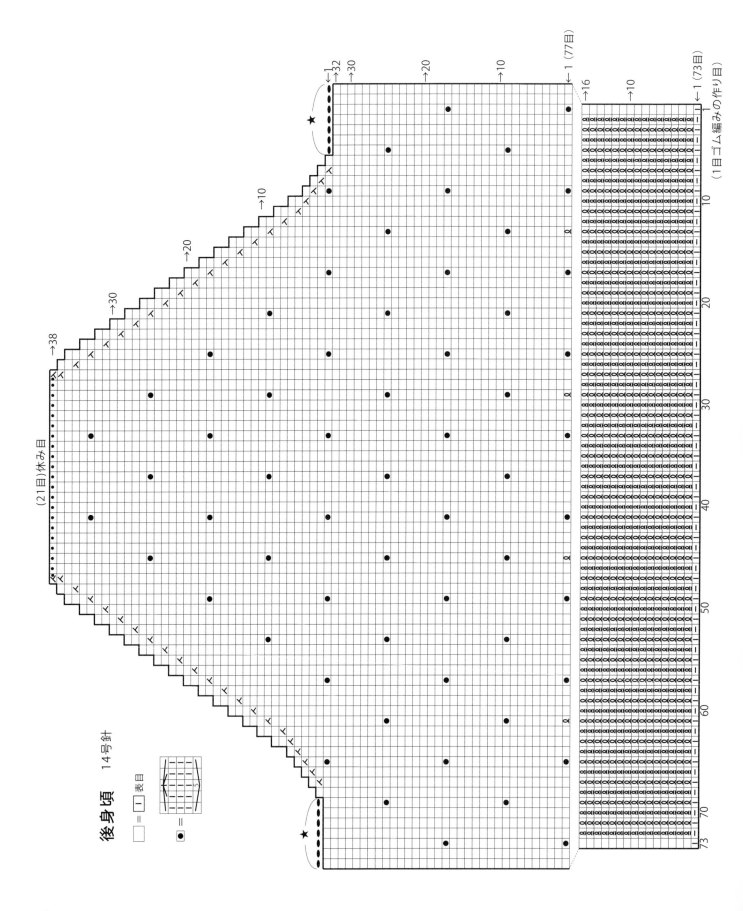

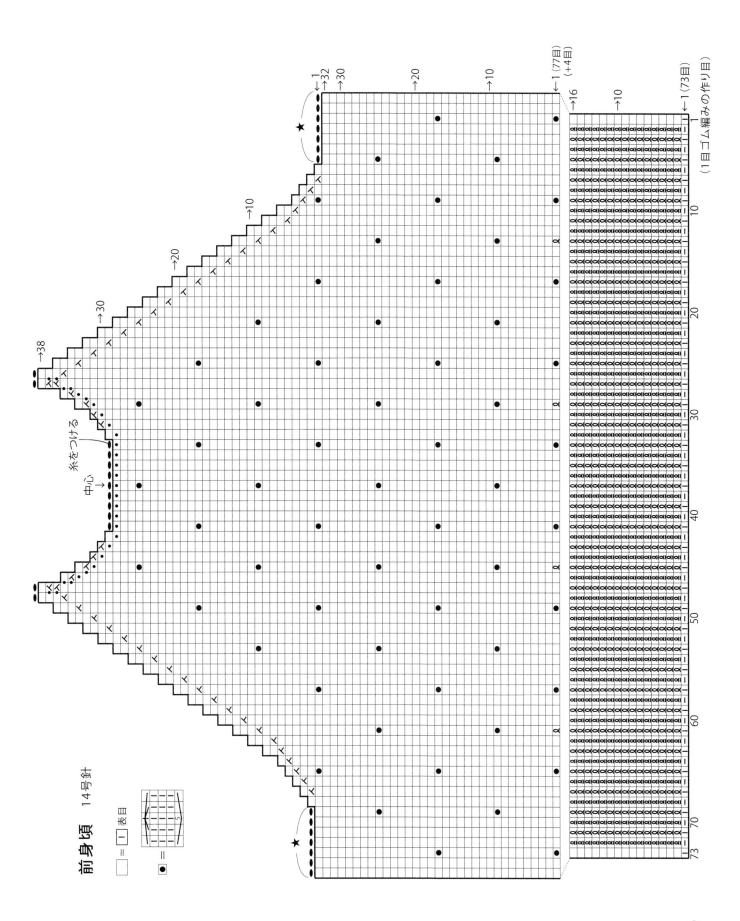

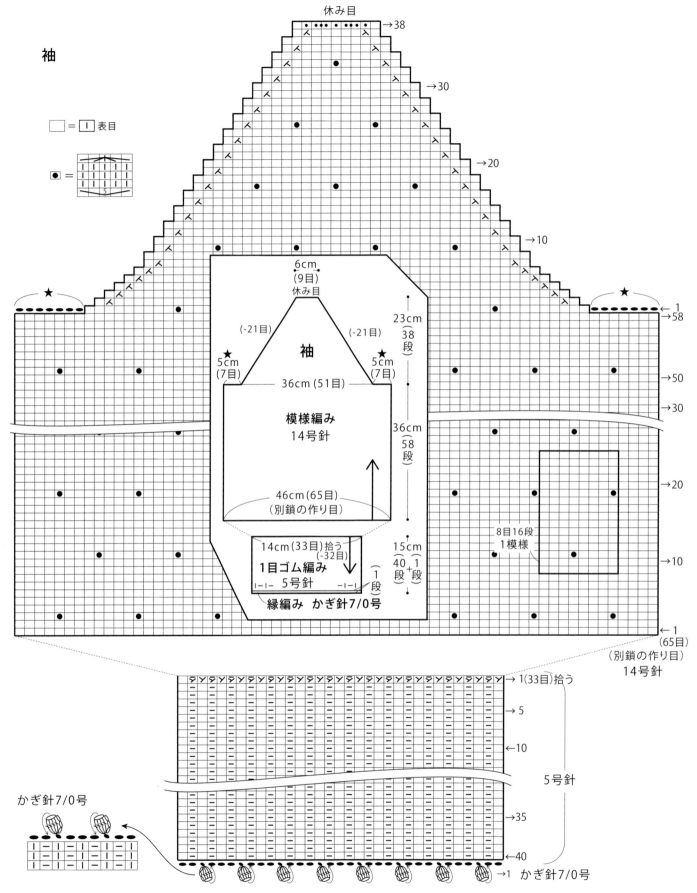

no. 13 レモネードベスト
LEMONADE VEST
PHOTO : P.22

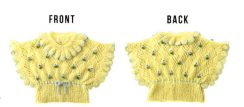
FRONT　BACK

裾のほうのねじりゴム編み部分だけをとじるので、脇がざっくり開いています。
アイコードの編み方はP.86を参照してください。

使用糸
パピー／ユリカモヘヤ　レモンイエロー(313)…210g
パピー／キッドモヘアファイン　深緑(39)…10g
DARUMA／ウールモヘヤ　ミント(3)…18g
DARUMA／やわらかラム　ベビーミント(36)…10g、
スカイブルー(37)…5g

用具
棒針15号・13号・玉なし8号(短)、
かぎ針10/0号・6/0号・5/0号

できあがりサイズ
身幅55cm　着丈50.5cm　裄丈31.5cm

ゲージ(10cm四方)
模様編み(15号)
13.5目15.5段

ポイント
1. 前後身頃は、ねじり1目ゴム編みの作り目(表目のみ)で69目作り、23段編み、24段めで目数調整をして、続けて模様編みを増減なく編み進み、衿ぐりの減目をします。
2. 肩を引き抜きはぎします。
3. 衿から目を拾い、1目ゴム編みを編み、1目ゴム編みの1段めから目を拾って衿のフリルを編みます。フリルのスカラップ部分に引き抜き編みで飾りを編みつけます。
4. 左右両脇からそれぞれ目を拾い、脇のフリルを編みます。フリルのスカラップ部分に引き抜き編みで飾りを編みつけます。
5. 花、花芯、葉と茎のパーツをそれぞれ編み、組み合わせて指定位置にとじつけます。
6. ゴム編み部分の24段をすくいとじします。
7. アイコードを編み、指定位置に通します。

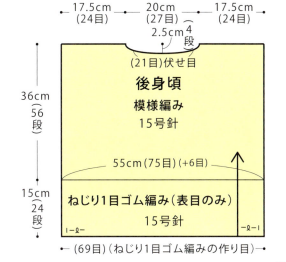

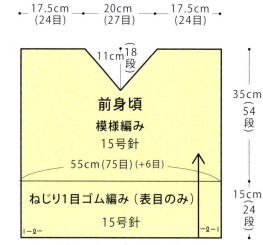

衿と脇の拾い目数

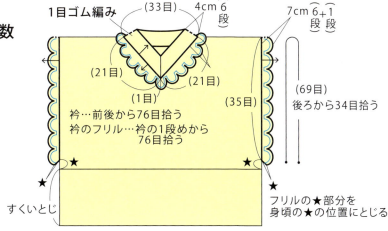

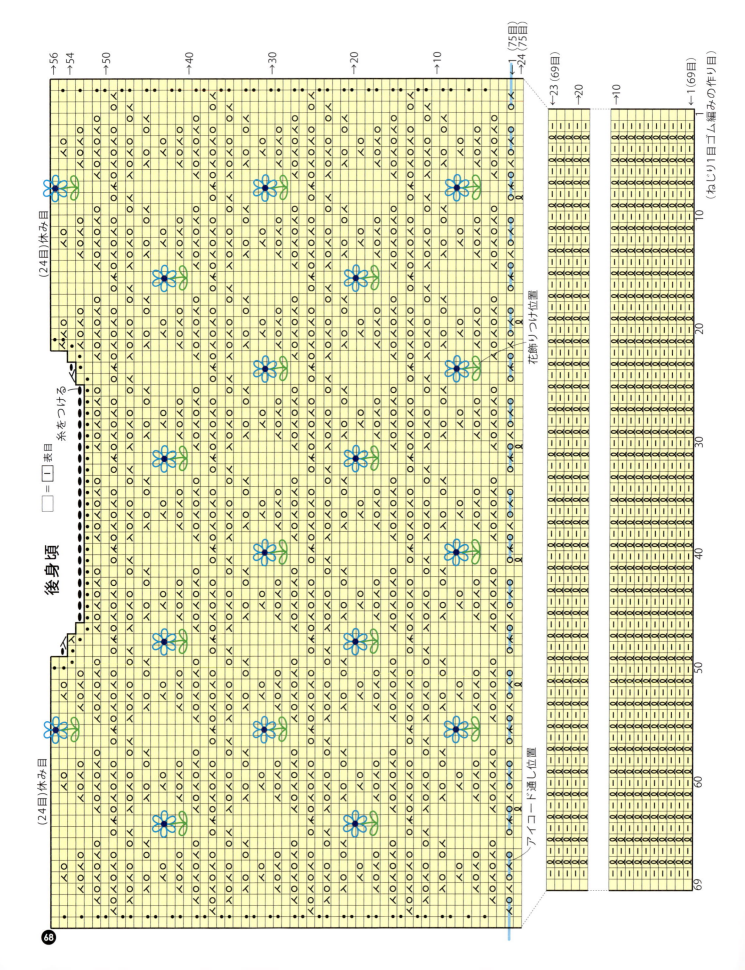

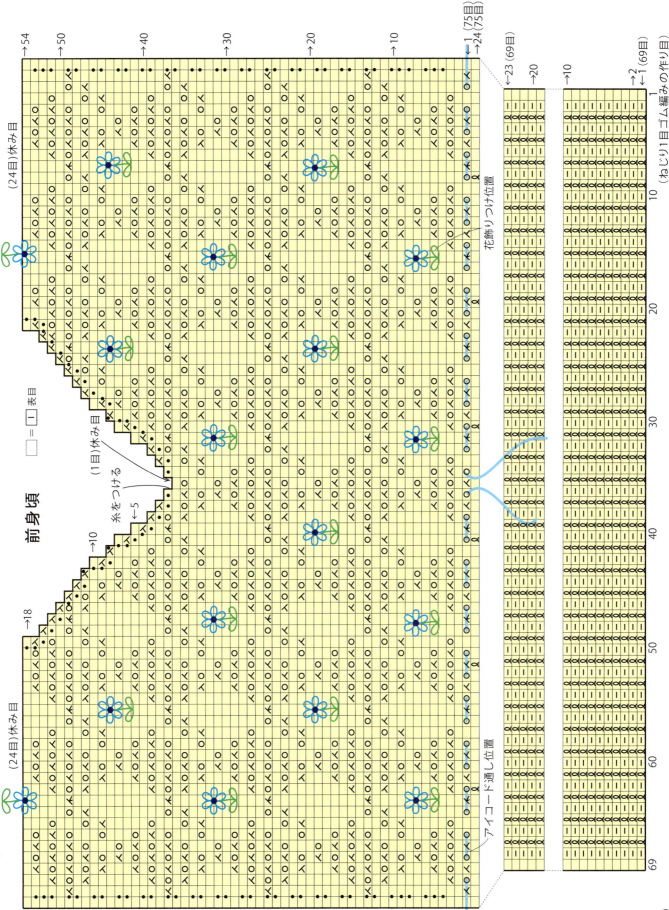

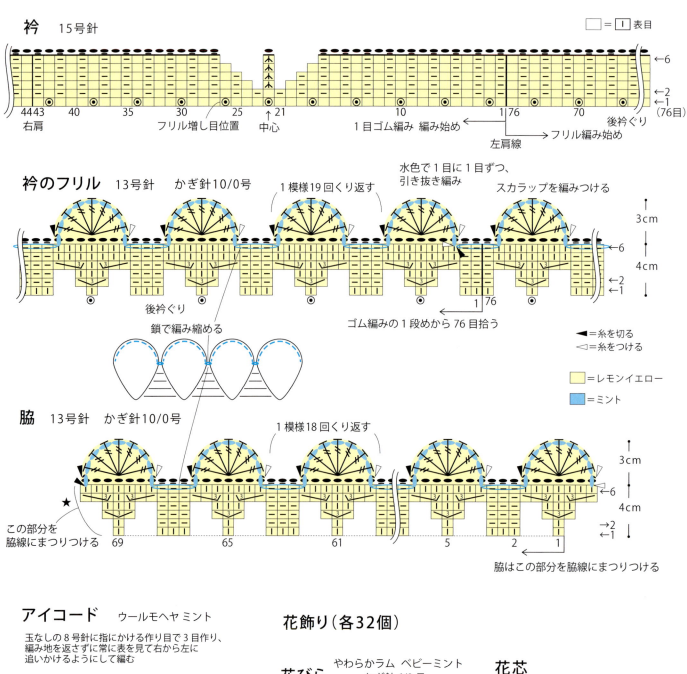
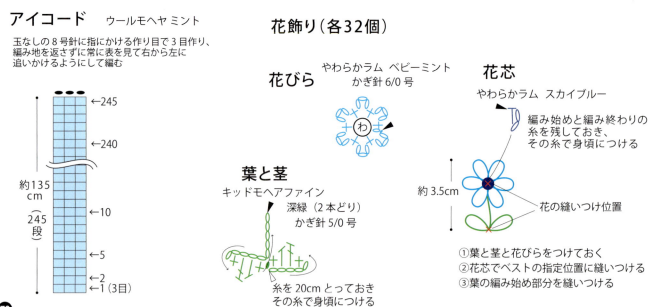

no. 14

BUBBLE BIG RIBBON KNIT

バブルビッグリボンニット

PHOTO : P.24

FRONT　BACK

バブル部分は長編み5目の玉編み。袖や裾は細めの棒針を使うことで
身頃のバブルや袖口のフリルのボリュームが際立ちます。

※色違いのニットの使用糸はBlonde BeigeとCinnamon Dust。

使用糸
WOOL AND THE GANG／
TAKE CARE MOHAIR
Dusty Grey…280g、
Powder Green…180g

用具
かぎ針10/0号・5/0号、棒針5号・15号

できあがりサイズ
身幅51cm　着丈50cm　裄丈75.5cm

ゲージ（10cm四方）
模様編み　14目7段

ポイント

1. 前後身頃は、10号針で鎖の作り目から模様編みを増減なく編み、衿ぐりの減目をします。
2. 裾には必要目数、かぎ針5/0号で細編みを1段編み、続けて細編みの頭を拾って棒針5号で1目ゴム編みを編みます。
3. 袖も同じように10/0号針で鎖の作り目から模様編みを増減なく編みます。
4. 袖口には必要目数、かぎ針5/0号で細編みを1段編んでから棒針5号で目を拾い、1目ゴム編みを32段編み、針を15号に替えて目数調整をした後、フリルを10段編みます。
5. 肩を鎖はぎします。
6. 衿は図に従って、10/0号針で細編みと1目ゴム編みを編み、続けて15号針で左右にボウタイを編みます。
7. 脇は模様編み部分は鎖とじ、1目ゴム編み部分はすくいとじをします。
8. 袖も模様編み部分は鎖とじ、袖口はすくいとじをします。
9. 袖を鎖とじでつけます。

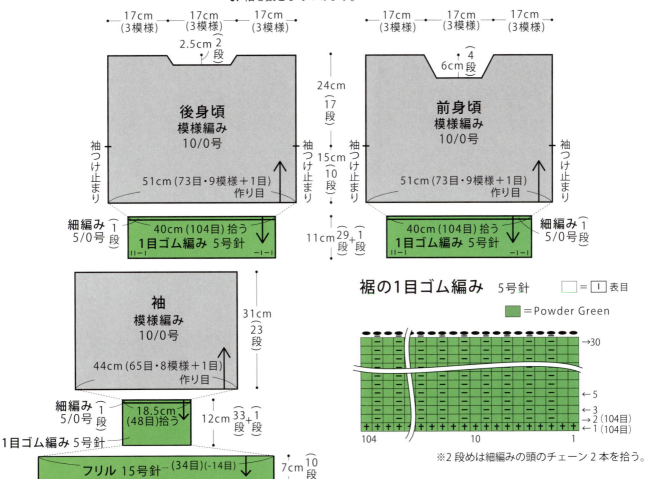

後身頃

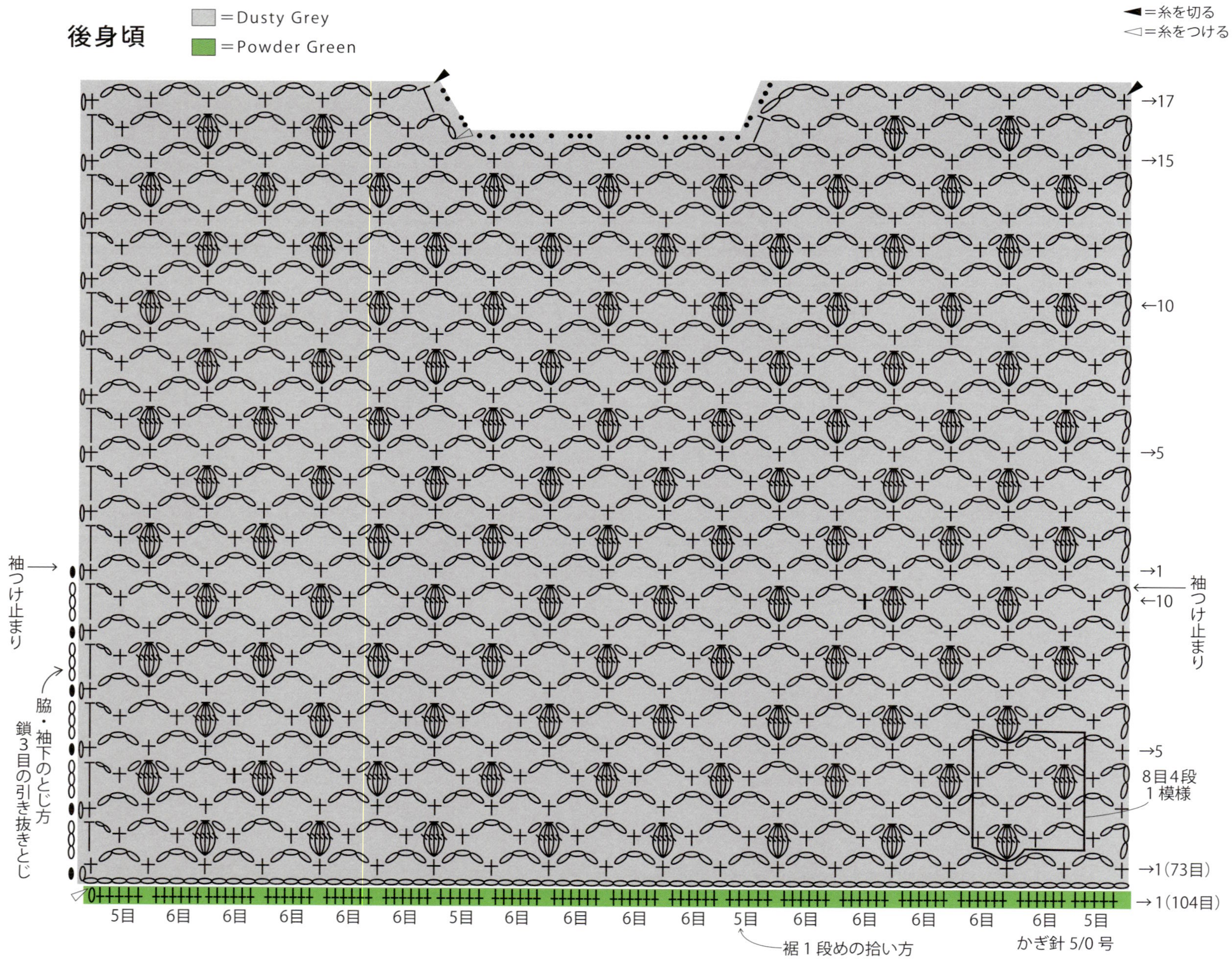

■=糸を切る
▽=糸をつける

□=Dusty Grey
■=Powder Green

→17
→15
→10
→5
→1
←10

袖
つ
け
止
ま
り

→5

8目4段
1模様

→1(73目)
→1(104目)

かぎ針 5/0号

6目 5目
6目
6目
6目
6目
6目
6目 5目
6目
6目
6目
6目
6目 5目

裾1段めの拾い方

袖
つ
け
止
ま
り

脇・袖下のとじ方
鎖3目の引き抜きとじ

72

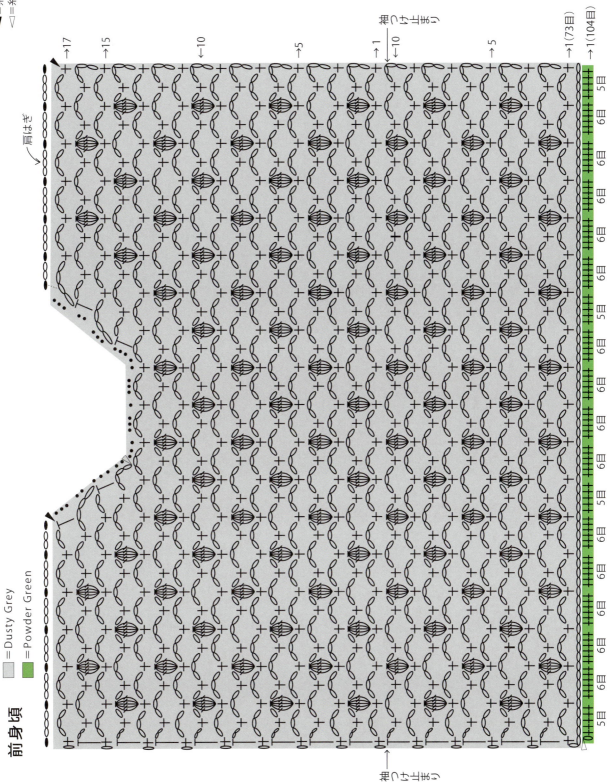

袖　　□=Dusty Grey　■=Powder Green　◀=糸を切る　◁=糸をつける

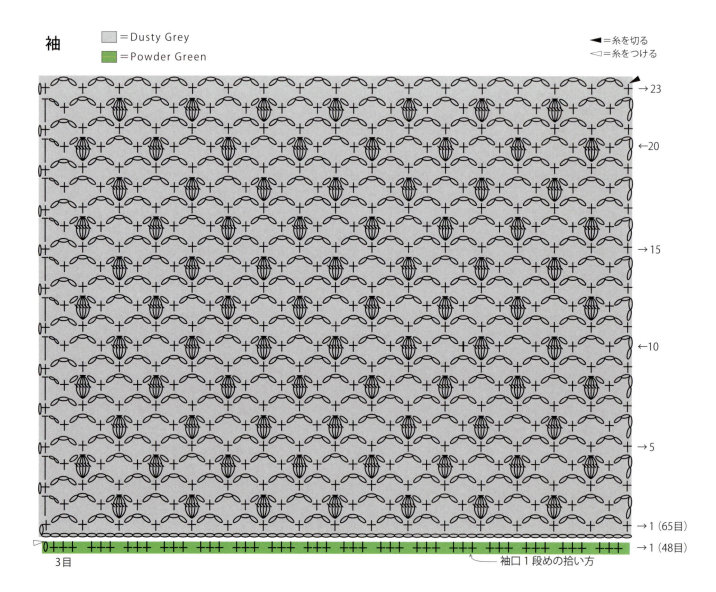

袖口の1目ゴム編みとフリル　5/0号・5号針・15号針　※34段めは次の段からゲージが大きくなるので、ゆるめに編む。

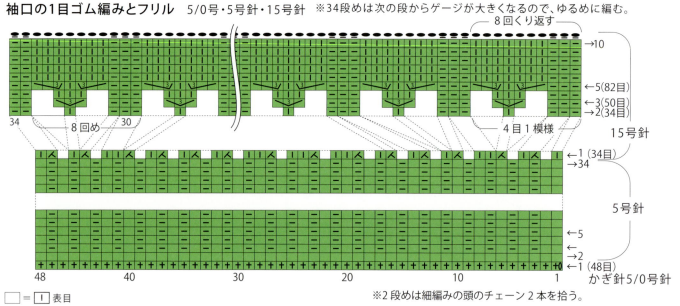

□=□ 表目

※2段めは細編みの頭のチェーン2本を拾う。

衿　□=|表目

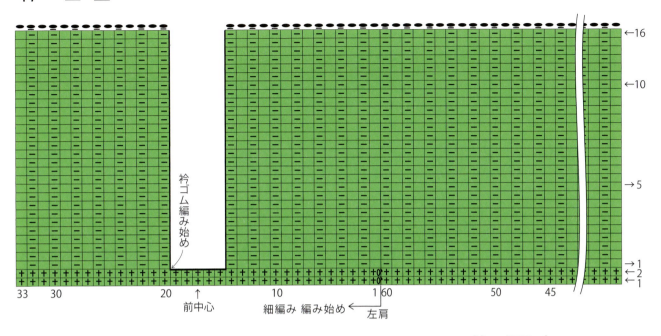

= Dusty Grey
= Powder Green

ボウタイ　15号針

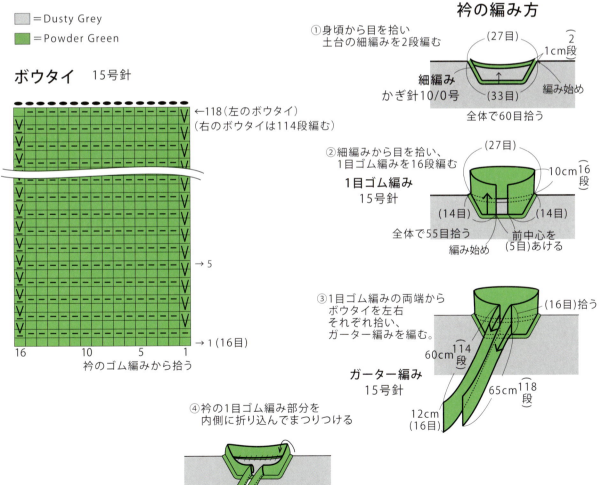

no. 15 フリルニットカーディガン
FRILL KNIT CARDIGAN
PHOTO：P.26

裾と身頃は減目するので身幅は変わりませんが、袖口と袖は
針の太さを替え、目数を増やすので、ぽわんとしたゆとりが生まれます。

使用糸
パピー／ユリカモヘヤ　生成り(301)…200g
DARUMA／ウールモヘヤ　スカイブルー(8)…95g

付属
ボタン(15mm)…8個

用具
棒針14号・5号・13号、かぎ針10/0号

できあがりサイズ
身幅 50cm　着丈 50cm　裄丈 73cm

ゲージ(10cm四方)
模様編み　14目17段

ポイント
1. 後身頃は5号針で指でかける作り目をし、1目ゴム編みを編み、14号に針を替えて目数調整をして模様編みを編み、衿ぐりを作って、両肩の目を休めておきます。
2. 左右前身頃も後身頃と同じように編みます。
3. 袖も身頃と同じ要領で編みます。
4. 肩を引き抜きはぎして、衿ぐりから目を拾い、かけ目をしながら目数を増やし、1目ゴム編みを編みます。
5. 次に、前立てを編んで、脇と袖下をすくいとじします。
6. 衿の1目ゴム編みの1段めから目を拾い、フリルを編み出します。
7. 袖を引き抜きで身頃につけ、ボタンを指定位置につけます。

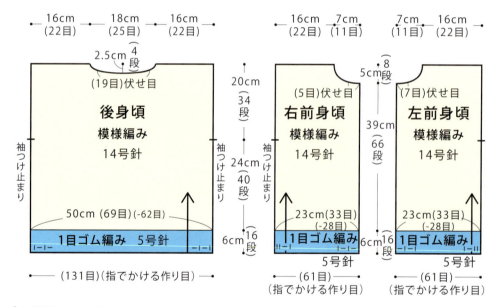

裾の1目ゴム編み　5号針　※16段めは次の段からゲージが大きくなるので、ゆるめに編む。　□ = | 表目

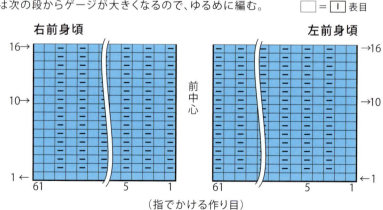

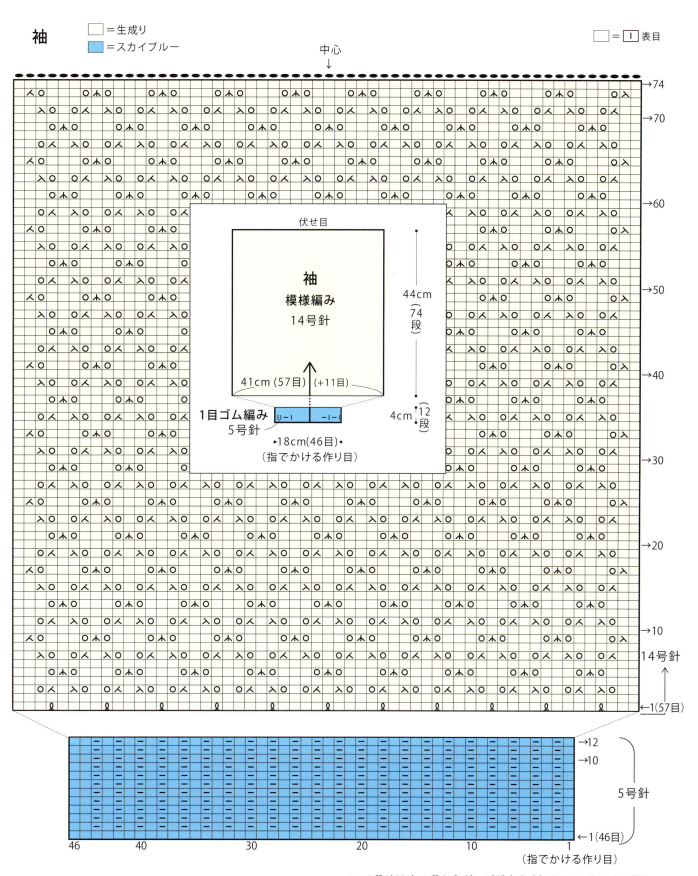

後身頃

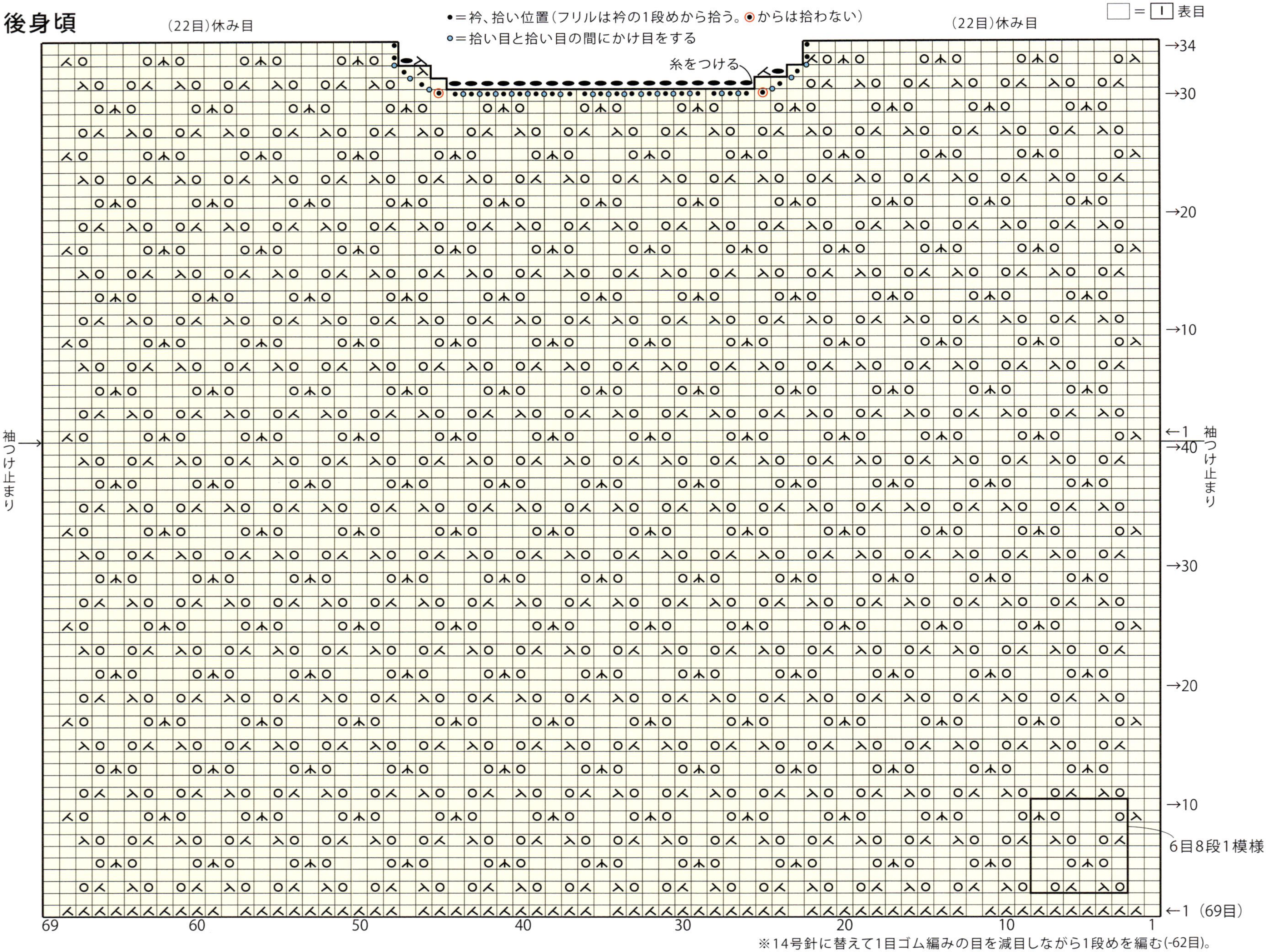

※14号針に替えて1目ゴム編みの目を減目しながら1段めを編む(-62目)。

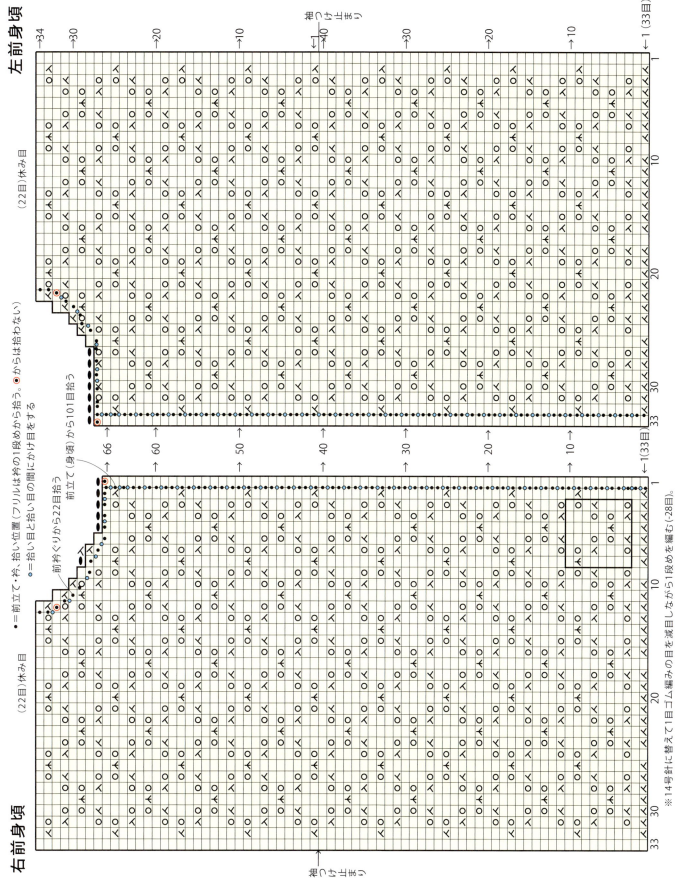

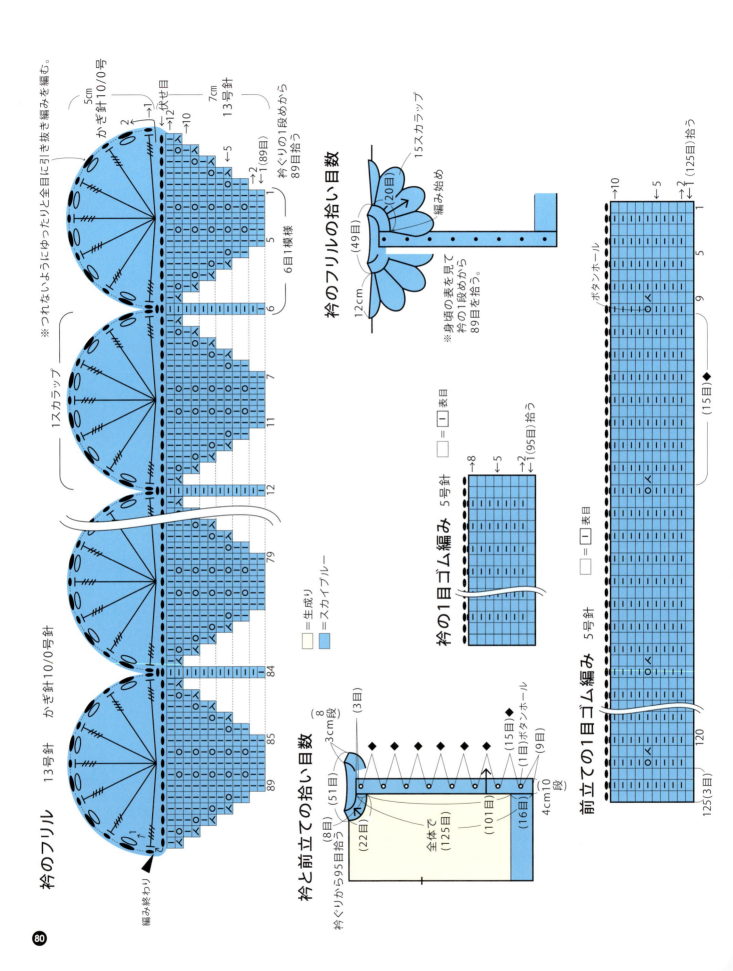

no. 16 モヘアボーダーニット
MOHAIR BORDER KNIT
PHOTO：P.28

この作品の衿に使われているのはかぎ針編みのリング編みです。
リング編み部分にはアイロンをあてないようにしてください。

使用糸
DARUMA／ウールモヘヤ
スカーレット(12)…180g、きなり(1)…80g
パピー／ユリカモヘヤ　ピンク(315)…80g

用具
棒針15号、かぎ針10/0号

できあがりサイズ
身幅48cm　着丈50cm　裄丈67.5cm

ゲージ(10cm四方)
模様編み　19目15段

ポイント
1. 前後身頃は1目ゴム編みの作り目からスカーレットでねじり1目ゴム編み(裏目のみ)を6段編み、続けて1段ごとの配色をしながら増減なく編み、衿ぐりの減目をします。
2. 袖は別鎖の作り目からねじり1目ゴム編み縞(裏目のみ)で1段ごとの配色で増減なく編み、作り目をほどいて目数調整をして、スカーレットでねじり1目ゴム編み(裏目のみ)を編みます。
3. 肩をきなりで引き抜きはぎします。
4. スカーレットの2本どりで前中心から目を拾い、かぎ針で衿を図に従って編みます。
5. 脇と袖下をすくいとじします。
6. 袖をスカーレットで引き抜きでつけます。

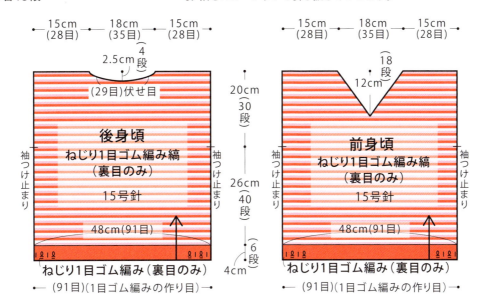

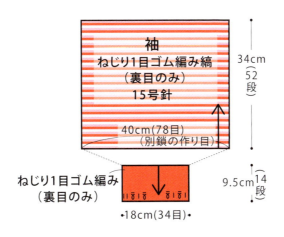

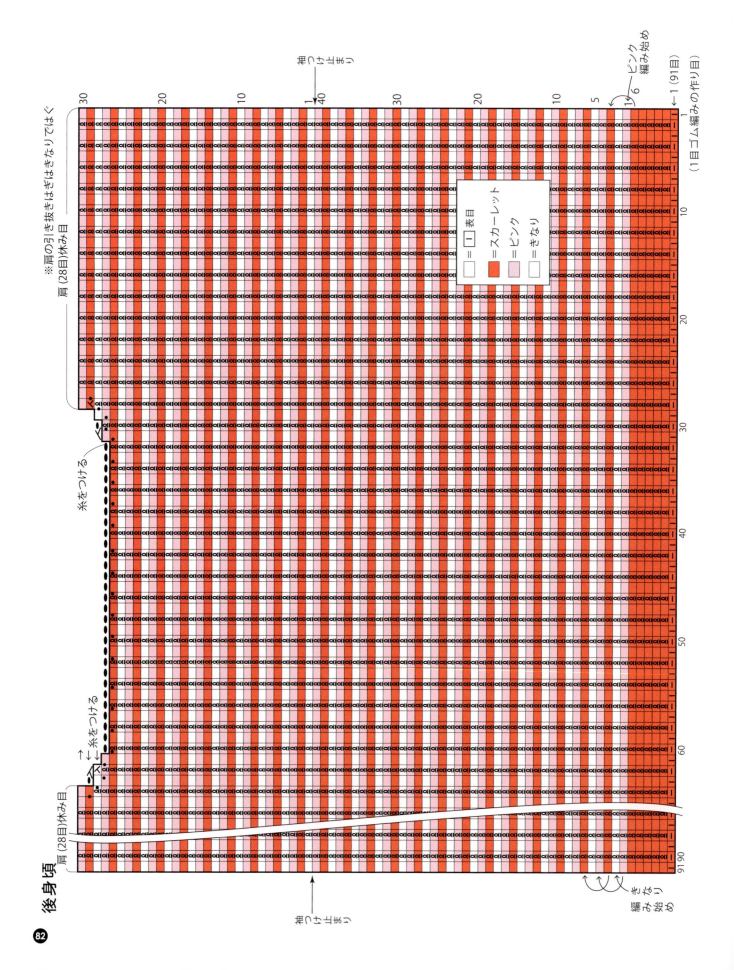

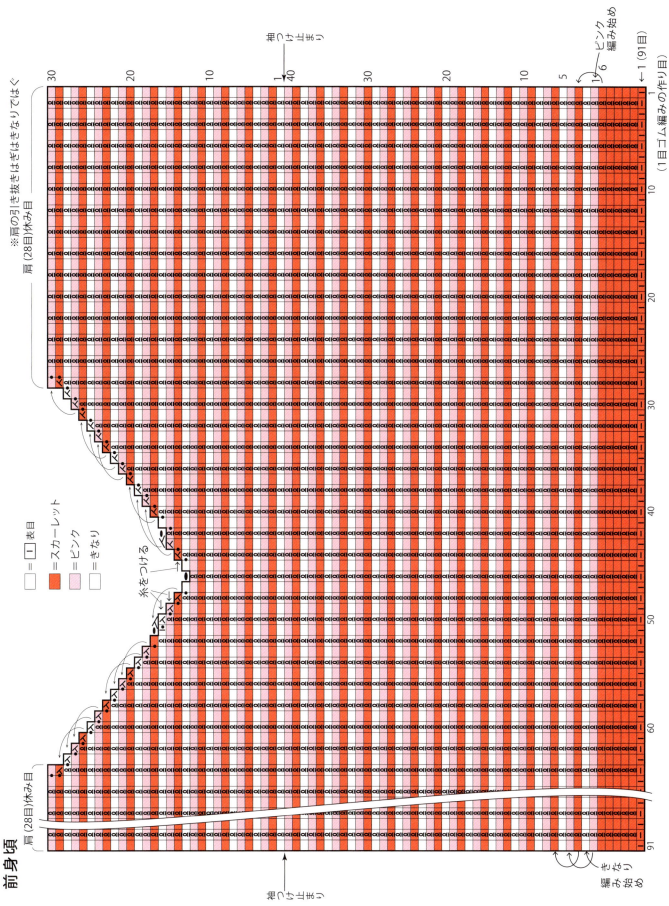

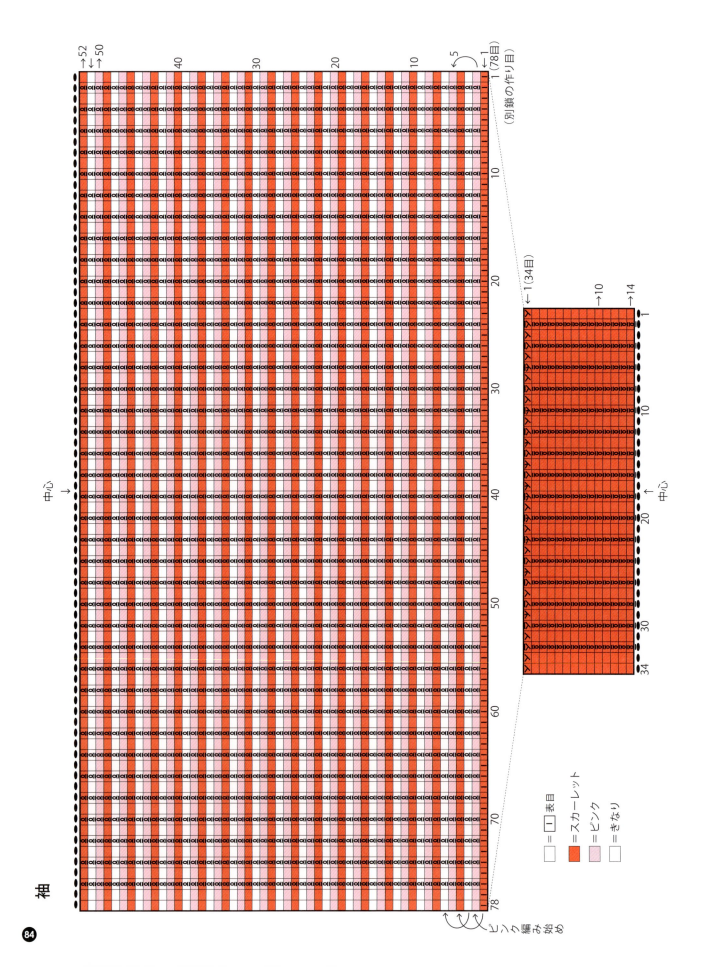

衿　■ =スカーレット2本どり　かぎ針10/0号

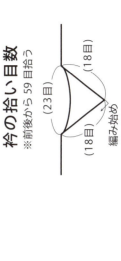

衿の拾い目数
※前後から59目拾う

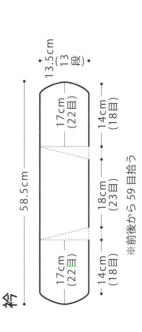

衿

編み方のポイント

作品を編むうえですこし難しい部分の編み方や刺しゅうの刺し方を紹介します。

|–| ～ |–| 一目ゴム編みの作り目

1 手に糸をかけ、針を矢印のように動かして表目を作る

2 針を向こう側から1～3の順に動かし裏目を作る

3 針を手前側から1～3の順に動かし表目を作る

4 2、3を必要な目数くり返して、1目ゴム編みの作り目を作る

5 2段め　編み地の向きを変え、1目めを浮き目、2目めを表目で編み、浮き目、表目をくり返す

6 最後は浮き目を編む

7 編み地の向きを変え、表目、浮き目をくり返す。3段目から表目、裏目をくり返す

アイコード

1 1段編み終えたら、編み地を右へスライドさせる

2 そのまま2段めを編む。以降も1段編み終えたら、スライドさせる

アイコードからの目の拾い方

1 アイコードの1目に針を入れる

2 針に糸をかけ矢印のように引き抜く

3 1、2をくり返す

二重鎖編み

1 鎖編みを編み、鎖1目を飛ばした裏山に針を入れる

2 針に糸をかけて引き抜く

3 鎖の裏山に針を入れて、針に糸をかけて引き抜くをくり返す

二重鎖編みの作り目

1 裏返して上側の鎖に針を入れる

2 針に糸をかけ矢印のように引き抜く

3 1、2をくり返す

[U] リング編み

1 表目を編むように針を入れる

2 左針は糸を外さない　左針からループをはずさずに糸をかける

3 糸を下に移動し、左親指で押さえる　2でかけた糸を引き出し、糸を指にかける

4 かけた糸を向こう側におき、矢印のように針を入れる

5 表目を編む

6 ②くぐらせる　①左針で2目をとる　針に糸をかけ2目をかぶせる

7 リング編みができたところ

 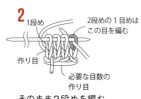 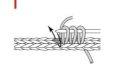  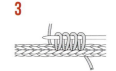
  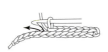  

1目ゴム編み止め（右端が表目2目、左端が表目1目の場合）

1 編み始め側	2	3	4	5 編み終わり側
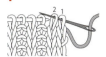	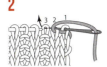			
1、2の目に針を通す	1の目に針を入れ、3の目の向こう側へ出す	2の目に針を入れ、4の目の手前から出す	3の目の向こう側から針を入れ、5の目の向こう側へ出す。**3、4**をくり返す	左端まできたら、2'の目に針を入れ、1'の目の手前から出す

1目ゴム編み止め（輪編みの場合）

1 編み始め側	2	3	4

1の目（最初の表目）の向こう側から針を入れ、2の目の向こう側へ出す	1の目に針を入れ、3の目へ出す	2の目の向こう側から針を入れ、4の目の向こう側へ出す	3の目に針を入れ、5の目へ出す。**3、4**をくり返す

1 編み終わり側	2	3

2'の目に針を入れ、1の目へ出す	1'の目の向こう側から針を入れ、2の目の向こう側へ出す	糸を引いて始末する

フレンチナッツステッチ（フレンチノットステッチ）

1	2	3
表へ針を出し、針先に1～3回糸を巻く	1で糸を出した際に針を刺す	糸を引き、引き締める

ストレートステッチ

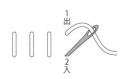

GIRLY AND FRILLY KNITS

棒針編みの基礎

指でかける作り目

1
糸のわに2本の針を通し糸を引きしめる。1目できたところ
（人さし指にかける／親指にかける）

2
1～3の順に針を動かし、に糸をかける

3
糸をかけたところ

4
矢印のように親指を入れて、目を引きしめる。2目できたところ

5
必要な目数までくり返す

別鎖の作り目

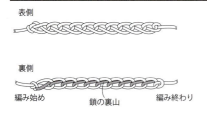
表側／裏側／編み始め／鎖の裏山／編み終わり

1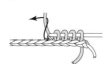
別鎖の編み終わり側の裏山に針を入れ糸を拾う

2
鎖の裏山に針を入れて糸を拾うのを必要目数くり返す

3

表目

1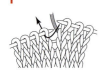
糸を向こう側へおき、右針を手前から入れる

2
針に糸をかけ、手前に引き出し左針から目をはずす

3
表目が編めたところ

裏目

1
糸を手前におき、右針を向こう側から入れる

2
針に糸をかけ、向こう側に引き出し左針から目をはずす

3
裏目が編めたところ

かけ目

1
右針に手前から糸をかけ、次の目を編む

2
かけ目ができたところ

ねじり目

1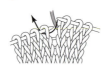
右針を向こう側から入れる

2
針に糸をかけ、手前に引き出し左針から目をはずす

裏目のねじり目

1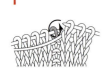
糸を手前におき、右針を向こう側から入れる

2
針に糸をかけ、向こう側へ引き出し左針から目をはずす

3
裏目のねじり目が編めたところ

伏せ止め（表目で伏せる）

1
端の2目を表編みで編む。編んだ表目の前の目を2目めにかぶせる

2
伏せ目ができたところ

3
表目を1目編んでかぶせるをくり返す。最後は目に糸を通して引きしめる

● 伏せ止め（裏目で伏せる）

1
端の2目を裏目で編む。編んだ裏目の前の目を2目めにかぶせる

2
裏目を1目編んでかぶせるをくり返す

3
最後は目に糸を通して引きしめる

☒ 右上2目一度

1
手前から針を入れ、編まずに右針へ移す

2
表目を編む

3
1で移した目を2で編んだ目にかぶせる

4
右上2目一度ができたところ

☒ 左上2目一度

1
2目の左側から矢印のように右針を入れる

2
針に糸をかけ2目を一度に表目で編む

3
左上2目一度ができたところ

☒ 裏目の左上2目一度

1
2目の右側から矢印のように右針を入れる

2
針に糸をかけ2目を一度に裏目で編む

3
裏目の左上2目一度ができたところ

☒ 中上3目一度

1
2目の左側から矢印のように右針を入れて編まずに移す

2
3目めで表目を編む

3
1で移した2目を3目めにかぶせる

4
中上3目一度ができたところ

☒ 左上3目一度

1
3目の左側から矢印のように右針を入れる

2
3目を一度に表目で編む

3
左上3目一度ができたところ

棒針編みの基礎

裏目の左上3目一度

1
糸を手前におき3目に矢印のように右針を入れる

2
3目を一度に裏目で編む

3
裏目の左上3目一度ができたところ

右増し目

1
増す目の前段に矢印のように右針を入れて引き上げる

2
右針に糸をかけて引き出す

3
表目を編む

4
右増し目ができたところ

左増し目

1
増す位置まで編み、編んだ目の1段下に矢印のように右針を入れて引き上げる

2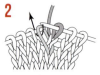
引き上げた目を左針へ移し、矢印のように右針を入れる

3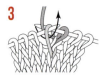
表目を編む

4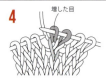
左増し目ができたところ

裏目の右増し目

1
糸を手前におき、増す目の前段に矢印のように右針を入れて引き上げる

2
右針に糸をかけて引き出す

3
左針の目に矢印のように針を入れ、裏目を編む

4
裏目の右増し目ができたところ

裏目の左増し目

1
増す位置まで編み、編んだ目の1段下に矢印のように左針を入れて引き上げる

2
矢印のように右針を入れる

3
裏目を編む

4
裏目の左増し目ができたところ

3目の編み出し増し目

1
表目を編む

2
左針にかかった目はそのままにする

3
かけ目を編み、同じ目に矢印のように針を入れて表目を編む

4
3目の編み出し増し目を編んだところ

5目の編み出し増し目

1
表目を編む

2
左針にかかった目はそのままにする

3
かけ目を編み、同じ目に矢印のように針を入れて表目を編む

4
かけ目と表目をもう一度くり返す

5
5目の編み出し増し目ができたところ

すべり目（1段の場合）

1
糸を向こう側におき、矢印のように針を入れ、編まずに右針へ移す

2
次の目を編む

3
すべり目ができたところ

4
次の段は編み図通りに編み進める

裏目のすべり目（1段の場合）

1
糸は向こう側へおき、矢印のように針を入れ、編まずに右針へ移す

2
次の目を編む

3
裏目のすべり目のできたところ

4
次の段は編み図通りに編み進める

3目・3段の玉編み

1
3目の編み出し増し目を編む

2
編み地の向きを変え、裏目を3目編む

3
裏目を3目編んだところ

4
編み地の向きを変え、①右の2目は矢印のように針を入れて右針へ移し、②を表目で編む

5
4で移した2目を表目にかぶせる

6
3目・3段の玉編みができたところ

棒針編みの基礎

 5目・3段の玉編み

1 5目の編み出し増し目を編み、編み地の向きを変え裏目を5目編む

2 裏目を5目編んだところ

3 編み地の向きを変え、矢印のように針を入れ3目を右針へ移す

4 残りの2目に矢印のように針を入れ、一度に表目で編む

5 3で移した3目を4の表目に番号順にかぶせる

6 5目・3段の玉編みができたところ

 5目・5段の玉編み（左上5目一度）

1 5目の編み出し増し目を編み、3段編む。編み地の向きを変え、5目をかぎ針に移す

2 かぎ針に糸をかけ、5目を引き出す

3 もう一度かぎ針に糸をかけ、引き抜く

4 編み地の向きを変え目を右針に移す。5目・5段の玉編みができたところ

右目に通すノット（3目の場合）

1 1目めは目の向きを変えて、3目を編まずに右針へ移す。1目めを左の2目にかぶせる

2 1の2目を左針へ戻し、表目を1目編む

3 かけ目をして、表目を編む

4 右目に通すノット（3目の場合）ができたところ

ねじり増し目（右側）※左右の区別がない増し目はこの向きでいい。

1 右端を1目編み、渡り糸に矢印のように左針を入れて引き上げる

2 矢印のように右針を入れて、糸をかけて引き出す

3 ねじり増し目（右側）ができたところ

ねじり増し目（左側）

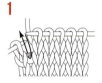
1 右端を1目編み、渡り糸に矢印のように左針を入れて引き上げる

2 矢印のように右針を入れて、糸をかけて引き出す

3 ねじり増し目（右側）ができたところ

ねじり増し目（裏目のとき・右側）

1 右端1目編み、渡り糸に矢印のように右針を入れて引き上げる

2 引き上げた糸を左針に移し、矢印のように針を入れる

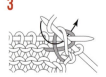
3 糸をかけ、引き出す

4 ねじり増し目（裏目のとき・右側）ができたところ

巻き増し目（左側） 巻き増し目（右側）

1

指に糸をかけ、右針で矢印の方向に糸をかけていく

2

必要目数巻く

3

編み地の向きを変え、編み図通りに編む

1

指に糸をかけ、右針で矢印の方向に糸をかけていく

2
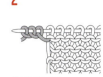
必要目数巻く

3
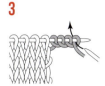
編み地の向きを変え、編み図通りに編む

引き抜きはぎ

1

編み地を中表に合わせる。2枚の端にかぎ針を入れる

2

糸をかけて2目を一度に引き抜く

3

次の目もかぎ針を入れ、糸をかけ3目を一度に引き抜く。次の目も同様にくり返す

4

最後はループのなかに糸を引き抜く

メリヤスはぎ（両方伏せ目の場合）

1

糸端のない手前の端の目、もう1枚の端の目の順に裏側から針を入れる

2

手前の目に針を入れ、もう1枚の目にも矢印のように針を入れる

3

2をくり返す

すくいとじ（メリヤス編み）

1
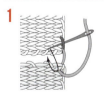
編み地の表側を上にして並べ、針で2枚の作り目の糸をすくう

2

端1目内側の渡り糸を1段ずつ交互にすくい、糸を引く

3

2をくり返し、とじ糸が見えなくなるまで引く

鎖はぎ（かぎ針編み）

1

編み地を中表に合わせ、拾い位置に針を入れて糸を引き抜く。鎖編みを編み、編み地に針を入れて針に糸をかけて引き抜く

2

鎖編みを編み、針に糸をかけて引き抜くをくり返す

鎖とじ（かぎ針編み）

1

編み地を中表に重ねる。拾い位置から針を入れて糸を引き抜き鎖を3目編み、拾い位置に針を入れて引き抜く

2

拾い位置に針を入れて、鎖3目を編んで引き抜くをくり返す

GIRLY AND FRILLY KNITS

かぎ針編みの基礎

○ 鎖編み

1
矢印のように針に糸をかける

2
ループのなかから糸を引き出す

3
針に糸をかけてループから糸を引き出すをくり返す

• 引き抜き編み

1
糸を向こう側へおき、前段の頭の鎖2本に矢印のように針を入れる

2
糸をかけて矢印のように引き抜くをくり返す

✚ 細編み

1
前段の頭の鎖2本に矢印のように針を入れ、糸をかけて引き出す

2
針に糸をかけて2つのループを一度に引き抜く

3
細編みができたところ

⊤ 中長編み

1
針に糸をかけ、前段の頭の鎖2本に矢印のように針を入れて引き出す

2
糸をかけて3つのループを一度に引き出す

3
中長編みができたところ

⊺ 長編み

1
針に糸をかけ、前段の頭の鎖2本に矢印のように針を入れて引き出す

2
針に糸をかけ、2つのループを一度に引き抜く

3
もう一度針に糸をかけ、2つのループを一度に引き抜く

4
長編みができたところ

⊺ 長々編み

1
針に糸を2回巻き、前段の頭の鎖2本に矢印のように針を入れる。針に糸をかけて引き出す

2
針に糸をかけ、2つのループを一度に引き抜く

3
もう一度針に糸をかけ、2つのループを一度に引き抜く

4
もう一度針に糸をかけ、2つのループを一度に引き抜く

5
長々編みができたところ

⊺ 四つ巻き長編み

1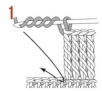
針に糸を4回巻き、前段の頭の鎖2本に矢印のように針を入れる。針に糸をかけて引き出す

2
針に糸をかけ、2つのループを一度に引き抜く

3
もう一度針に糸をかけ、2つのループを一度に引き抜くを3回くり返す

4
四つ巻き長編みができたところ

長編み5目の玉編み

1
針に糸をかけ、前段の頭の鎖2本に針を入れる

2
最後の引き抜きをせずに長編みを1目編む

3
2と同じ状態の長編みを同じ目に4目編み入れる

4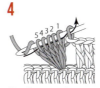
針に糸をかけ、針にかかっているループを一度に引き抜く

5
長編み5目の玉編みができたところ

細編み2目一度

1
前段の頭の鎖2本に針を入れ、最後の引き抜きをせずに細編みを2目編む

2
3つのループを一度に引き抜く

3
細編み2目一度ができたところ

細編み2目編み入れる

1
前段の頭の鎖2本に針を入れ、細編みを1目編む。同じ目に針を入れて細編みをもう一度編む

2
同じ目に細編み2目編みを入れたところ

細編みのリング編み

1
前段の頭の鎖2本に針を入れ、左手の中指を糸の上から向こう側へおろす

2
中指で押さえたまま、針先を矢印のように針に糸をかけて引き出す

3
糸を引き出したところ

4
針に糸をかけ、2つのループを一度に引き抜く。中指をはずすと裏側にリングができる

5 裏側
くり返して編むと、リングは裏側にできる

バック細編み

1
編み地の向きはそのままで立ち上がりの鎖1目を編み、矢印のように針を入れる

2
糸の上から針に糸をかけ、手前に引き出す

3
針に糸をかけ、2つのループを一度に引き抜く

4
バック細編みが1目編めたところ

5
1目戻った目に針を入れ、1〜3をくり返して編む

6
左から右へ編みながら戻る

長編み5目のパプコーン編み目

1
立ち上がりの鎖を3目編み、同じ目に長編みを編み入れる

2
針に糸をかけ、1と同様に長編みを3目編み入れる

3
一度、目から針を外す。針を1目めの長編みの頭に入れ、外した目に矢印のように針を入れる

4
矢印のように目を引き出す

5
針に糸をかけ矢印のように引き抜く

6
長編み5目のパプコーン編み目の完成

LIPSTICK NAILS KNITTER
リップスティック ネイルズ ニッター

静岡県在住。幼い頃から母親の編む姿を見て育ち、かぎ針編みをはじめる。8年前に編み物の先生に出会ったことがきっかけで棒針編みをはじめ、オリジナルのデザインを追求するようになる。インスタグラムで作品が人気を集めている。

INSTAGRAM：@lipsticknailsknitter

STAFF
撮影／加藤新作　佐々木智幸（P.4〜5、24左下）
装丁・デザイン／塙 美奈[ME&MIRACO]
スタイリング／鍵山奈美
ヘアメイク／石川智恵
モデル／西村ソフィ
編み図・作り方解説／加藤千絵
基礎カットイラスト／小池百合穂（P.86〜95）

〈材料協力〉
株式会社ダイドーフォワード パピー　https://www.puppyarn.com/
Giiton Store（清原株式会社）　https://giiton-store.com/
sawada itto　https://www.sawadaitto.jp/
横田株式会社（DARUMA）　https://www.daruma-ito.co.jp
梅村マルティナ気仙沼 FS アトリエ株式会社　https://www.kfsatelier.co.jp/

〈衣装協力〉
ヴェリテクール
TEL：092-753-7559
（P.10 パンツ、P.12,15,19,20 ニット、P.18 ニット、P.27 スカート、P.28 デニム）

グラストンベリーショールーム
TEL：03-6231-0213
（P.6 ハット、P.15,19 ワンピース、P.16 パンツ、P.20 サロペット、P.25 ハット）

KMDファーム
TEL：03-5458-1791
（P.6 スカート、P.12 デニム、P.25 スカート／エリテ）

ポルテ デ ブトン
TEL：03-6277-2973
（P.2,9 パンツ、P.22 ワンピース）

〈撮影協力〉
GOODMORNING DESIGN INC.

棒針・かぎ針で楽しむ
ガーリー＆フリルな編み物

2024年 9 月20日　発　行
2025年 2 月 3 日　第 3 刷

NDC594

著　　者　　LIPSTICK NAILS KNITTER
発　行　者　　小川雄一
発　行　所　　株式会社 誠文堂新光社
　　　　　　　〒113-0033 東京都文京区本郷3-3-11
　　　　　　　https://www.seibundo-shinkosha.net/
印　刷　所　　株式会社 大熊整美堂
製　本　所　　和光堂 株式会社

©LIPSTICK NAILS KNITTER. 2024　　　　　　　　　　　　　Printed in Japan

本書掲載記事の無断転用を禁じます。

落丁本・乱丁本の場合はお取り替えいたします。

本書の内容に関するお問い合わせは、小社ホームページのお問い合わせフォームをご利用ください。

本書に掲載された記事の著作権は著者に帰属します。これらを無断で使用し、展示・販売・レンタル・講習会等を行うことを禁じます。

JCOPY ＜（一社）出版者著作権管理機構　委託出版物＞
本書を無断で複製複写（コピー）することは、著作権法上での例外を除き、禁じられています。本書をコピーされる場合は、そのつど事前に、（一社）出版者著作権管理機構（電話 03-5244-5088／FAX 03-5244-5089／e-mail:info@jcopy.or.jp）の許諾を得てください。

ISBN 978-4-416-62388-6